旅のことばを読む

小柳 淳

プラス1の旅

「どこかに行きたいな」と、旅好きはたびたび呟く。どこかに、なのであって、旅先は決まっていない。決まっていなくても何も困らない。知らない街を歩いてみたい、だけなのだ。

そうしてときどき旅を夢想する。それに形と中身を加えるのが旅を読むこと。本を手にとり、読むことならいつでもできる。幸いなことに、日本や世界のいたるところの暮らし、食べ物、服装、ことば、街歩き、交通、山川草木、歴史、宗教、美術の本がたくさんある。台湾やトスカーナのA級B級美食、金沢やシアトルの街歩きしやすい都市の造り、ロンドンやバンコクに住むこと、シンガポールやバルセロナのマルチリンガル社会の背景、沖縄やハワイでの海と暮らし、スイスや上高地の山々の美しさとハイキング、パリや香港の便利な市内交通、ベルリンや広島の戦争の記憶、奈良やローマの文化財のぶ厚い蓄積。ローマ時代にガリアと呼ばれていたフランスで戦った、カエサルの手記が二千年を経ていまも読める。百年前のジャーナリストの思考を知ることもできる。自分とは違った視点の世界を読めることもある。そういった多彩な世界を誰かが眺め接触した文章によって、未だ見ぬ土地を少し体感できる。そう、どこに行くと決まっていない普通の日々にひととき旅心に浸る。

旅は三回楽しめる、という。

ひとつの旅は、計画や準備（前）、旅そのもの（中）、想い出（後）と三回楽しめる。とはいえ、いつもいつも旅をし続けるわけにはなかなかいかない。

そこにプラス1。普段の暮らしのなかで旅に入っていけるのが、いつかどこかへの旅を読むこと。この旅を読む楽しみを加えて、3プラス1と思うようになった。プラス1のよいところは「どこかに行きたいな」状態で、とくに具体的な行先が決まっていないことが多いこと。だから、列車やら食事やらといった旅のパーツを気にせず、未だ見ぬ土地に想いを馳せられる。旅の楽しみは3プラス1なのだ。

旅に出てしまえば、地図やガイドブックが主役だろう。近くにある美術館の場所を確認したり、移動ルートに合う路線バスや地下鉄を探す。眼前にある、多文化が織りなす光景の成り立ちや背景となる民族の興亡など、旅しながらや旅が迫った時期には、読んではいられない。こうして、普段の暮らしのなかで読む旅の本は、面白いだけでなく（もちろんそれも大切だが）、いずれ行く旅の中身をきっと充実させてくれる。そして独りよがりや偏見を薄め、繊細さを添えてもくれる。

せっかく旅するのだからと、旅先への敬意のつもりで旅先のことばを使おうとするのは素敵な姿勢ではある。「ありがとう」「1、2、3……」「はい」「いいえ」「すみません」くらいは言えた方がいい気がして、往路の飛行機内で練習もする。でも、行先のことばを選ぶのは意外と難しい。日本に暮らしていると、国と言語が一対一で対応すると思い込みやすい。でも、それは世界的にはとても例外的なことなのだ。

インドに行くとすると、地元の言語は何？　インド語という言語はないけれど、ヒンディー語ならいいのでは。確かにヒンディー語は英語と並んでインドの公用語だし、話者も多い。でも、その両方とも話せない人もいるようだ。調べてみたら、インドには何百種類もの言語があるらしい。それに、インドという国の国境線が現在のようになって百年も経ってはいない。コトはそう単純ではないのだ。難しくてイヤだけれど知らないで相手に無礼を働くよりは、難しい事態なのだぞと知っている方がまだましだと思う。ならば、英語で話す方が何百のことばを覚えるより現実的、か。などと、そんな旅のレッスンは普段の暮らしでしておいて、いざ出発のときは素直に旅を楽しみたい。

あるとき、イタリアかスペインの街を歩いていて、外国人と思しき人と会った。洋服だけれど中東風の容貌の男性だった。月並みに「どこから来たの?」と問う私に返ってきた答えは、「リビア」だった。そのころ、リビアといえばカダフィ大佐であり、欧米、とくにアメリカに敵対してテロ支援国家と非難されていた。そのようなことが脳裏を高速でよぎる。が、目の前にいる人物は優しそうだし、外国人同士として話し始めている。彼だって、私のことを日本という国を代表する人物だなどとは思っていないだろう。一国の指導者がどのような人であれ、その国がどういう行動をとっていようとも、国民がみな、国と同じように考え行動するものでもない。そんな当たりまえのことを、つい忘れる。

旅に出ると、まだ見ぬ風景、異なる歴史が育てた風習やことば、食べ物に出会う。せっかく出会うものやことがらには、狭い知識から決めつけたり、善悪や好き嫌いを即断したりしないで、素直に向き合いたい。

この『旅のことばを読む』では、そういう気持ちになった本、そこから自分も考えたことを書き出している。そのため、なかには「これが旅の本なの？」と感じるものもあるかもしれない。旅はお土産や食べ物や写真映えばかりがすべてではない。目的地への関心と敬意とをもって、自分の旅を豊かにしたい。

目次

プラス1の旅　5

無垢な観点、旅の慎み
さらりと旅をしてしまう　18
壁のあった街　23
変化し続ける都市　28
変わらぬ美しい海　34
アメリカらしさ　40

中央と周縁
地中海の真ん中へ　46
みちのくの先　51
格子の街区　56

大草原の興亡 62
世界の十字路 67
広大な隣の大地 73

空の視点、海の視点
空気と水 80
航海の時代 84
楽園を知る 90
海のアジア 96
空から眺める 101

祈りとことば
私のことばは 106

旅先の文字　112
百人一首　118
イタリアにて　122
ホアンとジョアン　128
聖地参詣　133
ほとけのおしえ　138

旅の具

境界を越える　144
高校の地図帳　149
古代と現代の道の重なり　153
紙の上の列車旅　158
パピルス・紙・ディスプレイ　162

旅人
小さな美しいもの　カレル・チャペック　170
フィールドワークの人　鶴見良行　175
温泉を旅する　山崎まゆみ　181
自らと対話する　沢木耕太郎　186
旅の心得　松尾芭蕉　190
憧れとノスタルジア　車寅次郎　194

あとがき　198

旅の本棚　215

無垢な観点、旅の慎み

さらりと旅をしてしまう

ペルシアンブルーのタイルが、乾燥した空気のなか立ち上がるドーム。そんな写真集を見てしまった若かった私は、ずっとイランに行きたかった。でも、ホメイニ革命で王政が倒れ、イスラム教主導の国になって、アメリカとの仲が悪くなり、隣のイラクとひどい戦争があり、旅に出にくくなった。そう思い込んでいた。あるとき、かわいらしいイラストの表紙に魅《ひ》かれて手にした『イラン・ペルシア日記』(金子泰子・文、金子敦・絵)は、とてもとてもスカッと気持ちのいい旅行記だった。あちらこちらに配慮と気配りが必要で窮屈な現代社会にあって、こういう素直な旅の喜び、驚きっていいなあと思う。

著者夫妻がイランに行くことにした理由がふるっている。それまで旅したことがあるのはマレーシア、トルコ、ウズベキスタンといった「ソフトなイスラム世界」だったので、もう少し厳格なイスラム社会を覗いてみたくて、と決まったイラン行き。しかも断食月ラマザン(ラマダンともいうが、ペルシャ語ではラマザン）の時期に。そしてまず下北沢へ。えっ、シモキタ？お尻まで隠れる服と大きなスカーフを買いに、だ。イラン・イスラム共和国では、女性は「ヒジャブ」という布で、頭や身体を隠すことが義務なのだ。「ソフトなイスラム世界」ではスカーフで髪を覆うレベルが多いのだが、イランは厳しいイスラム共和国。顔は出るけれど頭から身体全体を覆う布のチャドル着用が必要だ。そして、旅行行程の決め方もすごい。たまたま、チャドルを着たうえに更に目のあたりに四角い仮面を付けた女性の写真を見て、まずはその写真の場所からと決めてしまう。バンダル・アッバース、ペルシャ湾入口のホルムズ海峡あたりである。この軽やかさがたまらない。

かくしてバンダル・アッバース到着。もちろんツアーなどではなく、個人旅行の二人旅である。さっそく街に出て「仮面の女」探し。軽やかで、能天気すぎて、爽やかにさえ感じられる。仮面の女性はすぐ見つかる。身体中をチャドルの布で覆い、そのうえ四角い仮面では、見えるのは口と細い隙間の奥にある目だけ。これはかなり強烈な姿だ。著者夫妻は何回か仮面の女性たちの写真撮りを試み、そして無事成功する。この本には「仮面の女」だけでなく、たくさんのカラースナップ写真が載っていて、文章に加えてそちらからも強烈さが伝わってくる。

暑い暑いと言いながら（そりゃペルシャ湾岸だ、暑いに決まっている）、ジュースを買ったり、ノンアルコールビールの味比べをしたり、スピードボートでホルムズ島に渡って真っ赤な土を見て、アーティストのアトリエを訪問したりと、まあ自由気まま。核合意でアメリカと鋭く対立しているイランとか、イスラム教主導国家と革命防衛隊などということとは別世界の旅なのだ。著者がそれを知らぬわけではないのだが、この旅行記には潔いほどそのような「影」がない。念のため記すと、旅の時期は二〇一五年六月。米英仏独中露六か国協議とイランとの核合意が同年七月。アメリカ大統領トランプが合意から離脱したのが一八年なので、やや落ち着いていた時期でもある。

バンダル・アッバースをスタートにイランを西回りで周回する旅が始まる。もちろん、シーラーズ、ペルセポリス、イスファハン（あぁ、私も行ってみたい！）、テヘランなどの観光名所や大都市も巡る。灼熱の土地で飲み物を探したり、意外に少ない両替店で両替レートや金額に逡巡したりと、楽しげに時間が流れていく。自分用のお土産に、ペルシャ文字のステンシル（型抜き）になったテンプレートを探す。紙や金属板に文字型の穴が開いていて、そこを鉛筆やペンでなぞったり、スプレーペイントしたりして文字を書くあれである。テンプレートを買うためにイラストを描いて、地元の人に「ペルシャ文字テンプレート」というペルシャ語メモを作ってもらう。伸び伸びした自由旅をしている姿がうらやましい。女性の目でイラン人のファッションが地域によって違うことも見逃さない。真っ黒なチャドルばかりでなく色彩豊かな布をまとう土地もある、そんなことに気づきながらの旅。そして、下着店を覗いて派手な色彩がとても多いことを知り、チャドルに包まれたなかの女性の美しさを想像する。なかなかにシャープな視点なのだ。女性といえば、帰路テヘランから飛行機で着いた乗継ぎのドバイ空港で、イラン人女性がガバッとチャドルを脱いでノースリーブの超薄着で闊歩し始めたシーンに驚愕もする。

イランの多くの場所を巡るなかで、外国人旅行者にも出会う。そうか、なんとなく旅をしにくい国、と思い込んでしまいがちだが、そこにはフランスや中国からの旅行者がいるのだ。私の頭が固くなっていて余計な情報に引きずられていたのかもしれない。シーラーズでは美しいステンドグラスが有名なモスクで、色ガラスから漏れる美しい陽射しを愛でる著者の前に、「もっとカーテンを開けて！」の声。自分の写真映えのために、ステンドグラスを遮るカーテンを開けるよう要求する若い中国の女性旅行者。旅では、とくに個人旅行では、自己主張も必要だけれど、それがいつも正しいわけではなく、ときとして傲慢となることもある気がしてくる。

最初から最後まで一貫して屈託のない視線なのだが、この旅の素敵さは国家とか制度などということから自由なことにある。日本に住んだことがあるイラン人が、流暢だったり片言だったりする日本語で親切にしてくれるのも微笑ましい。次々と出会うイランの市井の人と会話したり、交渉したり、買い物代金を払ったり、疑ったり、親切にされたりしながら旅が続く。そこには核疑惑云々という肩の凝る意識は、ない。そういえばイラン革命後あまり年月の経っていないあるとき、日本のテレビインタビューで、日本についての考えを問われたイラン大統領が「日本政府の（イランに厳しい）姿勢と日本の人々とは別」と言っていたことを思い出した。とかく夜郎自大的に外国や外国の人を良い・悪い、好き・嫌いと単純化しやすいのだけれど、そんなことではいけないのだ。普通の人々と生活を素直に見る旅人の視線が素敵だなと思う。

壁のあった街

かつてベルリンには市内を東西に分ける高いコンクリート塀があった。一九六一年に突如作られ、一九八九年に打ち壊された「ベルリンの壁」と呼ばれた高さ三・六メートルの塀だ。

東西を隔てる壁の果てはどうなるかというと、北端はバルト海、南はチェコ国境まで伸びる、そんな想像もしてしまいそうだ。実際は南北の市境で別の柵に繋がって西側に回り、輪のようになっていた。つまりベルリンの西半分が囲われていたのだ。ベルリン市は当時、東西二つの国があったドイツのうち東ドイツのなかにあり、西ベルリンは別の国である西ドイツの飛び地として柵で区切られていたのだ。そのため、フランクフルトやケルンといった西ドイツからベルリンへ行く列車は、東西の国境駅停車後は東ドイツ領内を無停車で走り抜けていた。歴史の教科書に載るくらい昔のことだが、第二次世界大戦終結後、ソ連・東欧の社会主義陣営とアメリカ・西欧の資本主義陣営が対峙した前線が東西ドイツ国境であり、ベルリンの壁だった。

それにしても、戦後十五年間も自由往来ができたのに、わざわざ壁を作ったのは奇妙だ。その時間は、社会主義の貧しさと監視社会が、資本主義による豊かさと自由に劣後することが隠せぬ事実となってきた年月だったのだろう。東から西へ移る人が多くなるなか、ある日突如壁ができたという。親しい人同士が東西に分け隔てられ、壁を西に越えようとして射殺された人、百数十人。撃ったのは東ドイツの警備兵だ。

壁建設から約二十九年を経た一九八九年十一月、日本のテレビにも壁を打ち壊す人々の姿が映っていた。当時この歴史的な場に行きたいという思いが胸をよぎりもした。が、それを思いとどまったのは、傍観者的に見物しに行くのは不謹慎かなという気持ちで、九七年六月三十日に香港返還の場に行かなかったのと同じだ。

壁崩壊により東西ドイツが統一されるときに、たまたま東ベルリンに留学していた見市知《みいちとも》による『ベルリン　東ドイツをたどる旅』のまなざしは優しい。東側が自壊したという事実はそれとして、それでも資本主義が正しく、東はすべて間違いだったという単純な図式から離れている。二十九年間存在した、東側の人々の暮らし、料理、レジャー、品物（の欠乏も）、子育て、大通りや建築物などを丁寧に描き、そして壁の跡をたどる。高等教育の有無が収入の多寡に直結しない平等感、保育園の充実、女性の社会進出など社会主義らしい生活も、東出身の人々との会話から思い出される。九〇年の東西ドイツ統一後も相対的に貧しい東側の人々に、期待が裏切られた気分や不満があっても、それでも民主主義が良い、との声もあるのだという。

ドイツ旅行を計画したとき、ベルリンに行こうと決める。壁崩壊から四半世紀後である。この本を参考にベルリンを歩くことで、普通では気づきにくい多くのことやものに出会えた。ベルリン二日目の夕食は、東ドイツ時代の家庭料理を出すというレストランにした。路面電車で夕方の暗い住宅街へ出かけた。そう、東西統一から相当な年数が経っても、東側の街は暗いのだ。そんなことも見市は書いている。静かな住宅街で路面電車を降り、小さなレストラン、オッセリアで素朴なロシア風スープ「ソリャンカ」をいただいた。街なかの道路には、東時代から生き残った歩行者用信号の三頭身のかわいい人間マーク「アンペルメンヒェン」。麦藁帽デザインが「小市民的ではないか」などと東ドイツで論議を呼んだともいう。いつの時代も左翼は青臭く子供じみたことを生真面目に問題にする。この好ましいデザインはいまや西側だった地区にも進出しているし、信号灯だけでなくいろいろな品物に使われてお土産にもなっている。

壁の一部が完全に残って展示されている、ベルナウアー通り。実は高さ三・六メートルの塀だけがベルリンの壁ではないのだという。西ベルリン側からはコンクリートの三・六メートルの塀が直接に立ちはだかるが、東側は違う。市民の歩く道には少し低い二メートルほどの塀がまずあって、その二つの塀の間は立入禁止エリア。その幅の広い空間には鉄条網、対戦車（！）障害物、見張塔、照明灯などが設置されていて、それらはすべて東側にある。低い方の塀にはわざと狭い隙間があって、そこから覗くことで物々しい装備を越えた先に、本当の高い塀が見えるように仕組んであったという。精神的プレッシャーまで計算された国家主義のイヤラシさ。そんなところまで見市知は忘れない。ベルナウアー通りに保存されているベルリンの壁は、それらの装置がセットで数十メートル続いている。

ベルナウアー通りのあとはSバーンの駅へ。Sバーンは国鉄電車。Uバーンは地下鉄だが、ベルリン市内ではSバーンにも地下区間がある。東西が壁で分離されていた時代には幽霊駅というのがいくつかあったのだという。ここノルトバーンホフ駅もそのひとつで、駅内に幽霊駅の説明が掲示されていた。地下の鉄道路線のなかで、東西をまたいで走る区間があった。当然電車で東西ベルリンを行き来するわけにはいかない。地上では壁を越えるのは命がけのことだ。西ベルリンから東側に入り、また西側に戻る路線は、なんと東側区間の数駅を通過扱いにして走っていたという。二十九年間も。だからその数駅を幽霊駅と呼んだのだそうだ。電車の停まらぬ幽霊駅にも、東ドイツ国境警備隊がいたという。

ところで、ベルリン市内あちこちに観光土産店がたくさんある。そこでは壁の模型や打ち壊したコンクリート壁の欠片《かけら》を売っている。欠片には西側で描かれたであろうペイントも残っているが、店の人に本物なの?と聞くと、「まあね」という感じの返事だった。本物と信じればそうなるのだろう。旅の土産にはそういう奇妙なリアリティもあっていい。

変化し続ける都市

香港は立ち止まると倒れてしまうかのようにいつも駆け続けている、変化し続ける都市だ。そのため、香港ファンの人でも香港に出会った時期によって、最初の印象がかなり違う。難民アパートや香港フラワーなら戦後大陸での共産党政権成立後の一九五〇～六〇年代、ブルース・リー（李小龍）なら七〇年代、チョウ・ユンファ（周潤發）、レスリー・チャン（張國榮）、サンディ・ラム（林憶蓮）なら八〇～九〇年代の香港映画とポップス最盛期だ。マーチン・リー（李銘柱）や最後の総督パッテンだと、中国返還前の不安と諦観の九〇年代。二十一世紀に入ると、中国香港となって感染症サーズや公安条例問題、そして雨傘運動や映画『十年』だと北京が暗い影を落とした二〇一〇年代となる。

私が初めて香港という言葉に出会ったのは子供のころで、友人が「ホンコンって本当はホングコングなんだ！」と言ってきたとき。プラスチック玩具に「HONG KONG」と刻まれていて、英語発音も知らぬ小学生同士で不思議がっていた。香港プラスチック工業が造花だけでなく玩具に拡大していたころのこと。まあ、これはカウント外。その後長いあいだ香港に接することがなく大人になった。友人に誘われての初の香港旅行前に『香港 旅の雑学ノート』を手にした。

この本は二十世紀後半の爆発的経済発展途上にある、英領植民地香港に住んだ山口文憲による、雑学情報満載の香港街歩き系の元祖ともいえる歴史的名著だ。ゴチャゴチャの労働者街、街路に張り出す看板の渦とその生成過程や色彩の分析、バスやフェリーをはじめとする各種公共交通の利用方法、映画と映画館、食べ物とレストランや屋台、香港人の身のこなし、などこれでもかというほど、香港ローカル情報が語られる。レストランでの会計時に伝票が間違っていないか、ボールペンで白いテーブルクロスにメニューや代金を書き出して確認する。そんなことしていいの?と疑いつつ現地に行くと、本当にそのとおりの光景を目にした。真似してやってみたが、ウエイターに叱られなかった。そんな新鮮な驚きの記憶が残る。でも、もちろんいまはそんなマネはしてはならない。これは過ぎ去ったオールドジェネレーションの行為なのだ。街の姿はどんどん変化するものの、蟻の目線で街を楽しむことのバイブルのようで、いま読んでも楽しい。

海辺の寒村だった十九世紀前半、まだ香港という地名も定かでなかった時期に勃発したアヘン戦争。イギリスは圧倒的な武力で一八四一年に香港島西北部に上陸、占領。当時清国といった中国に勝ち、いまの香港島を割譲させたのが翌四二年。そこから世界史に関わる香港としての歴史が始まる。その百年後の日本の占領期三年八カ月を挟み、戦後もイギリス領が続く。大陸での国共内戦が共産党勝利で終結すると、どっと香港に難民が押し寄せる。それ以降が人口激増と工業化、金融都市化していく戦後香港のパワー炸裂の歴史だ。

この時期の、難民があふれ混沌とした香港を自由の視点を絡めて描いたのが、邱永漢の小説『香港』。第三十四回直木賞受賞作品である。日本敗戦後、台湾に乗り込んできた中国国民党に追われて厦門《アモイ》を経て逃げ延びた主人公、頼春木が香港で知ることになる自由は強烈だった。香港ダイヤモンドヒルのスラム街で、春木が頼った台湾人、李明徴の語る「我々は自由を求めてこの地に来た。だが、我々に与えられた自由は、それは滅亡する自由、餓死する自由、自殺する自由、およそ人間として失格せざるを得ないような種類の自由なんだ」である。

物語は、合法違法も道徳もありようもない時代の土地で、何もないなかから這い上がっていくさまをたどる。主人公は無鑑札営業の焼きスルメ売りをしていて、警察の手入れに遭遇する。

その湾仔《わんちゃい》市街地の高層ビルの谷底にある運動広場で、いまでは市民がサッカーやバスケットボールをしている。私は香港を歩いていて、その平和な光景を見るたびに、戦後ドサクサのなかで一人の人間が生き延びる情景を思い起こす。

戦後、難民で人口が大膨張し、混乱を極めた香港では、ほぼ労働者保護政策のない過酷な社会で、軽工業の中小企業群が難民を労働力として吸収する。そのころ、工業ビルという多数の工場が入居する雑居ビルがあちこちに出現した。もとより狭くて土地の少ない香港では、中心市街地から少し外れるだけで、外壁が油まみれの工業ビルがあちこちで見られた。形も大きさもバラバラなビルなのだ。あるとき、壁のあちこちから排気煙突がニョキニョキ出ている、異様ともいえる外観の工業ビルに気づいてしまった。地図で調べると、「榮來工業大廈」というそれは駅からは遠く、火葬場のある丘の向かいに建っている。駅から乗ったタクシーを待たせて、火葬場の丘で写真を撮ると、運転手は「あんたは記者なのかい?」と問う。「まあ」と、あいまいな答えをして駅に戻った記憶がある。サービス経済化したいまでも、空港から都心に向かう途中の車窓に工業ビルを見ることができる。初期の工業ビルと難民アパートは同じ設計図から造ったのかと思えるくらい似ている。粗製乱造なのだ。

難民アパートはどんどん改良されて大量の公共住宅団地に移行する。難民も市民になる。猛烈に働いた難民一世と違い、少しはレジャーも楽しみたいという感じの二世世代が主流となりつつあった七〇年代。もう「餓死する自由」から社会は脱出し、自由はビジネスに向かう。復興を遂げた日本からの観光客が増え、日本語ができる免税店販売員の給料がエアラインＣＡより高いなどと、『雑学ノート』は新聞の求人広告まで記録している。そして、約三十年閉じられていた中国への鉄道に直通列車が走る。まだ大陸共産党政権から逃げてきた世代が中心だった香港では、境界線の向こう側に親類縁者がはっきりと存在していて、少なくとも香港側から向こう側に行くことは楽になった。それを慶事として記した空気がそのころはあったのだ。中国はまだ経済力も弱く、強権国家となったその四十年後の現代との落差は大きい。やはり、香港はグルグル変化しているのだ。

山口文憲は、香港を「その住民は国家にも共同体にも、まして土地や家屋敷などというものに幻想をもたない人々である」「この資本主義コミューンを統率する唯一の原理、凄惨な自由競争」と書いた。が、政府や国家から自由だった、空に突き抜けるような明快なサバイバル資本主義コミューンは、期限付きだった。八四年、中英共同声明で香港の一九九七年中国復帰が決まる。安堵と諦観が入り混じった気分になったら八九年、天安門事件。どっと香港からカナダ、オーストラリア、イギリスなどへ移民として脱出する人が増加。香港を中国のなかの特別行政区として、相当程度の自治と独立性を保障するはずだった香港基本法が、九〇年に中国の国会にあたる全人代で成立。

あのころ慶事だった大陸との通路はどんどん太く広くなってしまった。そして返還からかなりの時間が経ち、植民地宗主国がイギリスから中国に替わっただけだったのかもしれない、と気づく。それでも香港は時代に応じて変化し続けていくのだろう。変化が停まったとき、香港は香港でなくなるのかもしれない。

変わらぬ美しい海

那覇国際通りで乗った路線バスは、まだ那覇市内なのに時刻表から大きく遅れていた。出張で沖縄に来た私は、本島の北海岸恩納村《おんなそん》のビーチリゾート瀬良垣《せらがき》を目指していた。この名護行きバスは途中に数えきれないほどバス停があり、終点までは百を超える。瀬良垣まででも七十回近くもの停車を繰り返すようだ。イベント主催者からの空港送迎を断らずに乗れば、高速道まわりでビューンと行けたのに、那覇を少し歩きたいのと市域を出ての長距離路線バスに乗ってみたいのとでこちらにしたのだ。

ローカルバスの常として、細かく停まり、乗客の入れ替わりが多く、時間もかかる。それでも、このバスにしてよかったのは、多数のバス停で土地の風景を見、地名を知り、自分の現在地が分かることだ。城間はグスクマ。「グスク」は城や館を表す琉球の言葉だと聞いた気がする。北谷はチャタン、谷茶はタンチャ。谷は「タン」と言うのかと知る。右手に広大な空間が現れると、次はバス停嘉手納《かでな》町役場で停まる。巨大な米軍嘉手納基地と同居する市街地にいることに少し動揺する。

日本が元気で海外旅行が伸び盛りのころ、グアムやサイパンに多くの旅行者が行くことに違和感を感じた。もとより私は旅好きで、他人の海外旅行をとやかく言う必要も責任も権利もない。ただ、釈然としなかった。それはわずか数十年前にあった太平洋戦争の激戦地だったから。日米双方と現地の多くの人がそこで無残に亡くなったのだ。そういう場に観光客気分で出かける気にはなれないと感じていた。もちろん、とっくに戦争は終わった平和な時代だし、現地は地元が潤う観光客を歓迎しているだろう。それでも行けないな、と感じていた。

沖縄にも似た気持ちがあった。だからか、沖縄は出張でしか来ていない。十三世紀の元寇以降では初めて、昭和二十年に外国軍が襲来しての激しく凄惨な地上戦があった土地だ。そのうえ戦後は、米軍は去らずアメリカ合衆国に統治されて、混乱のなか通貨が米軍軍票に、米ドルや日本円にと何回も変更になった。日本に復帰したのは、なんと敗戦から二十七年も経った一九七二年。そして二十一世紀になっても地上戦で大殺戮をした米軍の基地がたくさん居座り、米兵の市民に対する犯罪も起こる。

あるとき、関東の列車内で乗り越し精算を拒む横柄なアメリカ人に会った。車掌さんが困っているので、あなたは支払うべきだと下手な通訳をしたが「お前には関係ないだろ！」と尊大な言葉が返ってきた。走っている区間から米軍基地の軍人か軍属なのだろうと、勝手に思ったが、とても後味の悪い出来事であった。アメリカという国は戦争となると非戦闘員・一般住民に対しても無差別殺戮を行う。日本各地の都市への空爆、その極致の原爆投下。それはその後もベトナム戦争、イラク戦争やアフガニスタン戦争でも、いくらでも行われた。

沖縄戦と戦後アメリカ統治、そしていまに続く人々の思いを丁寧に調査してきた、社会学者の岸政彦による『はじめての沖縄』は、初めての沖縄観光旅行でのガイドの役には立たない。でも、沖縄の旅をきっかけに、初めて沖縄について考えるにはよいかもしれない。凄惨を極めた地上戦、艦砲射撃による破壊、おびただしい数の死体、声を出さぬよう赤子を殺すこと、逃げながら大怪我をした地元の人。アメリカ統治時代の好景気や、東京や大阪への出稼ぎ、日本復帰後の景気後退と基地の居座り。そういった人々の語りが重層的に迫る。そこには現代までつながる多くの個々人の物語と調査者の繊細なまなざしがある。

沖縄は日本なのだけれど、日本とイコールでもない。

いまは日本の沖縄県。戦後二十七年間はアメリカだった。アメリカ施政下の行政は琉球政府と呼ばれ、私の手許に一枚ある当時の沖縄の切手には、「日本郵便」ではなく「琉球郵便」と記され、額面はドル表記だ。戦前は沖縄県で、明治以前は形式的には琉球という国で、実質的には十七世紀初頭に島津氏の侵攻を受けるまでは独立国だった。でも、体制がどう変わろうと沖縄の美しい海は変わらない。大都市那覇に到着する飛行機からでも、海の青と碧が美しく見える。もちろん、石垣、宮古には贅沢なほど美しい海がある。海に囲まれた沖縄、琉球列島。

ふと、時代を飛んで遡ってみたくなった。バスに乗る前に牧志公設市場の古本屋で手にしたのが『アジアの海の古琉球』(内田晶子・高瀬恭子・池谷望子)だった。そこでは十五世紀のはじめ沖縄本島の三山統一のころから、琉球王国が島津氏に攻められて実質的独立を失うあたりまでが語られる。日本史では室町時代から徳川初期の時期だ。琉球が中国、朝鮮、日本、東南アジアとの交易や朝貢をとおして行った交流について、歴史史料を駆使して説いていく。琉球の貢使が明の首都北京に到着して、帰国に向かうまでの手順が実に詳しく再現される。事務手続、関係官庁への挨拶回り、天子拝謁、下賜品の売却、宴席、他国使節との交流など、そんなことが記録されてきたのだった。

興味深いことは、大陸との交易は琉球が直接行うというより、対岸福建の人々をまとめて琉球に移住させて、航海・交易の民としていることだ。そのため時の大陸中華の王朝にその人々を出してもらう依頼をし、了解されたり断られたりしている。大陸の明・清や朝鮮とは漢文が共通の文語として使用されていた。これが対日本関係では少し事情が違ったという。琉球日本間の外交文書は和化した変体漢文や漢字仮名交じりの候文《そうろうぶん》の和文だったようだ。しかも日本の禅僧が琉球王国にもいて、琉球と京都の幕府との両側で通信・交渉をしていたという。そして公文書以外では、むしろひらがな文が主流だったようで、石碑や歌謡集などではひらがな主体の文が見られる。琉球方言の音を仮名で表記してきたということなのだ。

バスは久良波《くらは》で海岸に出る。このあとは基地や米兵の影を感じずに、チラチラと青い海が見える明るい海岸線を行く。ムーンビーチ、恩納、万座などといった海のリゾートらしいバス停が増える。そして、相変わらずポツポツ停まりながら、数少なくなった乗客が入れ替わる。もうお尻が痛くなってきている。乗車から一時間と五十五分も経ってやっと瀬良垣ビーチに着いた。降りたのは私一人。バスはさらに先の名護を目指して走り去る。

那覇から名護まで六十キロ以上。道路以外の交通はない。かなり大きく細長い沖縄本島はバス王国の感もある。百を超えるバス停をつないで走るこの路線バスの車窓には、次々と街と集落と基地と海が映っていた。

アメリカらしさ

ロサンゼルスからレンタカーで東に走った。シエラネバダ山脈を過ぎ、ラスベガスからフーバーダムをあとにすると、コロラド高原が広がる大西部だ。緩やかに波打つ大平原のなか、前方には道がずっと先に向かって続き、いくら走っても景色が変わらない。インターステート・ハイウェイを高速で走っているのに、だ。助手席で前方のスケッチをしたけれど、風景が全然変わらず困りもしない。

ポツンと町がある。荒野を走る道に言葉どおりポツンとあった。コーヒーや休憩のため、しばし停まる小さな町のいくつか目で、あることに気づいた。西海岸から走って内陸の町に来ると、白人ばかりなのだ。高層ビルが林立し、人種のるつぼのごとくいろいろな人がいるアメリカとは違うアメリカに自分がいる。新鮮な驚きだった。

何日かののち、西に向かって走り、ある町のスーパーでビールを買った。レジで英語がよく通じない。もちろん自分の英語は上手くない。しかしレジの女性も上手くない。ここはアメリカなのに。スペイン語訛《なまり》なのだ、と気づく。

何年も経ったあと、東海岸に旅した。ひとりでニューヨークのマンハッタンを歩く。縦横に整然と街路が通り、自分のいる位置を把握しやすい。その何十何丁目かでゴミ袋のような黒いビニールを身に巻き付けている人がいる。縦横比三対一くらいに太い人がいる。この都市にはずいぶんと多種多様な人間がいる。いかにもアメリカらしい。また、ロサンゼルスで長距離列車に乗るために鉄道駅の場所を尋ねたら知らない人ばかり。車社会アメリカらしいと納得。また、ユタ州のセントジョージという町でホテルを出て街路を歩いても、歩道にほとんど人がいない。走り抜ける車から奇声が飛んできた。田舎町では徒歩で移動することは稀なのだそうで、歩いているのは危険だったり、変な人とみなされたりするらしい。さらに何年かあとに、西部の小さな町で GENERAL STORE なる店に入った。コストコでもウォルマートでもないノーブランド店で、店内装飾はほぼない大きなよろずやみたいな店だ。アメリカらしくないと感じたが、地元の人に聞くと田舎にはこういうタイプの店がよくあるのだという。

モーテル近所のデニーズで朝食にしたとき、「アメリカにもデニーズがあるんだね」と、聞抜けなことを友と語る。それくらい日本にはアメリカのモノ・コトが日常生活に充満している。コカ・コーラから在日駐留米軍まで。二十世紀に超大国になったアメリカの、その文化の影響がいやでも入ってくる。そのため旅行で太平洋を越えなくても、好悪はともかく日常生活でアメリカに触れることが多い。濃厚に充満するアメリカはそのイメージをぐいぐい押し込んでくる。そして、触れている情報の切り口の偏りが、ステレオタイプな印象を増殖する。例えば、アメリカはフェミニストばかりでうっかり軽口もたたけない、好戦的で気に入らない他国に宣戦布告もせずミサイルをぶち込む、貧富の差が大きくて一生病院に行けない人も多い、金持ちはヘルシーフードを食べ、貧乏人はジャンクフードで肥満、自分は自分で守るという観念から銃を簡単に買えてしまう、などなど。でもそんなレッテル貼りで満足してしまっていいのかとも思う。たまたま会ったアメリカ人はフランクで感じのいい人が多かったし。

そんな思いがあって書架に手が伸びたのが『どのアメリカ？ 矛盾と均衡の大国』。タイトルがいい。よく言えば多様性に富み、見る角度で千変万化するアメリカに向き合うことがよく表れている。序章の最初の方で「自己中心で、勝手すぎて、始末におえないときもある。しかしちっとも反省しない。謝りもしない……」とくる。トランプ大統領最末期までのアメリカを、矛盾、多様、まとまり、バラバラ、孤独、群れるなどいくつもの切口で畳みかける。自由と平等なのに、根強い差別もなくならない。なかなかに難しいのだ。でも、著者、阿川尚之は長い在米生活で、ビジネスだけではなく在米日本大使館公使も務めた経験から、矛盾を多く含むこの国をスパッと切るような単純化をせずに優しい目で見つめる。そう、どの社会だってそんなに単純ではないのだ。トランプの時代にあまりにシンプルで大胆で無明な発言を聞き過ぎた頭を補正せねばならない、そうも思えてくる。好き嫌いを超えて、この大国のことを冷静に読んでみることのはじめにいい。

旅をすれば、広大な国土に山岳、砂漠、大平原、氷河、海洋、大河、農地、中小の町、巨大都市があふれ、魅惑的な土地や素敵な人々がいる。この大国をこのアメリカと決めつけてステレオタイプに塗り込むようなことはせず、素直な目で旅をしたい。

中央と周縁

地中海の真ん中へ

京都や東京のような中心にいて、そこから物事を見ていると、知らぬ間に周縁の大切なものが見えなくなる。欧米と遭遇した明治以来の日本の視点は、どうしても西欧中心の、独仏英といったいわゆる主要国的な思考と視線になりがち。イタリアに対する印象は、ミラノやトリノなど勤勉で工業・商業の進んだ北部と、ナポリやプーリア、カラブリアなどのんびりした農業地帯の南部という対比があって、なんとなく南部はイナカということになる。だからシチリアなどというと、イナカのイタリア南部のさらにその先の島、といったイメージになってしまいがちなのだ。

でも古代から中世までのヨーロッパは地中海が中心。フェニキア、ギリシャ、ローマ、カルタゴからビザンチン、イスラム諸勢力が入り乱れて地中海で交錯した。その地中海の真ん中にドンと鎮座するのがシチリア。地中海最大の島だ。ナポリ以南のイタリア半島とこの島は、五世紀の西ローマ帝国崩壊後、ゲルマン人、ビザンチン帝国、アラブ・イスラム勢力など次々と支配者が入れ替わっていた。十一世紀になると北方からノルマン人が傭兵として暖かい南イタリアに出現する。フランス北西部にあった北欧を起源としたノルマン人の公国で、増加する人口が養えずに傭兵や巡礼の形であふれ出す現象があったらしい。そこはいまでもノルマンディー地方としてフランスの一地方となっている。そのころ南イタリアとシチリアを支配していた諸勢力、とくにゲルマン人貴族に傭兵としてノルマン人が雇われた。ノルマンディーから遠路はるばるシチリアに来たこの傭兵が軍功をあげて徐々に領地を持ち始める。これが中世シチリア王国の始まり。

自分のなかで、レモンがおいしそうで陽光にあふれる島、という程度でしかなかったシチリアのイメージが豊かになって、民族・宗教が入れ替わり、重層的な歴史を刻むこの島を旅してみたくなった。そんなときに書店で手にしたのが『中世シチリア王国』（高山博）で、十三世紀ころまで栄えた王国と王家を叙述しながら、島内風景を巡っていく。

外来の、人数的には少数派のノルマン人が支配権を強めて王国にまでしたためか、以前からそこにいた住民を支配機構に幅広く登用している様子が、行政機構や文書、官僚の名前から民族の推定などをとおして語られる。なんといっても王国行政のトップにイスラム教徒アラブ人、キリスト教東方正教徒ギリシャ人（少し前の二百年前まではビザンチン帝国領だった）もいて、ノルマン人やイタリア半島のカトリック教徒ラテン人と交ざっていたというのだ。さらに、ベルベル人、ユダヤ人など、多彩な人々が登場して、大陸部ヨーロッパのようにカトリック一色ではない世界がそこにあった。行政文書はアラビア語とギリシャ語そしてラテン語。こういう話を読むと、どうしてそれから千年も経ったいまも、醜い宗教間の争いがなくならないのかと思わずにいられない。宮廷では当時圧倒的先進地域だったアラブ・イスラムやギリシャ・ビザンチンの科学、哲学、医学、文学、地理などが翻訳されていたという。ラテン語に、である。

まあ、そういう学術的なことは措いておいてもいいかもしれない。シチリアの旅へ誘うのは、現代でも残るあまたのイスラム式建築群、そして二千年を経たギリシャ・ローマ時代の遺跡だ。シチリアにはキリスト教カトリックの聖堂であっても外観がモスクのように見える建築や、内部が煌《きら》びやかなギリシャ式のモザイクで飾られているものが多いというのだ。こうして、著者にガイドされながら島内を巡っているような気持になってくる。中世シチリア王国の時代には、各宗教が平和共存していたというから、モスクやギリシャ正教聖堂、ユダヤ教のシナゴーグもたくさんあった。いまではカトリック聖堂に転用されてしまっている建物も多いようだけれど、建築様式や装飾はオリジナルを維持したものが多い。この本は歴史や政治だけでなく、島内をあちらこちら移動する紀行にもなっていて、まだ見ぬ者に風光を紹介してもくれる。北西海岸のパレルモ、長靴型イタリア半島のつま先が対岸にあるメッシーナとその南のカターニアやシラクーサ、南海岸のアグリジェントなどなど、魅惑的な街の名が連なる。地中海の真ん中の温暖な気候風土で、レモンだけでなくジャスミン、ハイビスカスの花々など豊かな植物に恵まれたなかに多文化の建築を楽しむ、そんな旅を感じてしまう。

　現代に住む我々には分かりにくいけれど、王国というのは王に跡取りがいないと途切れてしまう。王朝など住民には関係ないようにも思えるけれど、戦乱になったり社会規範が変わったりして影響を被る。十三世紀にシチリア王ウィレルムス二世が跡取りを残さず他界する。次にシチリアを支配したのは神聖ローマ皇帝だった。ノルマン王家の娘コンスタンツァが神聖ローマ皇帝ハインリッヒ六世の妃だったことがその契機なのだが、その嫡男フェデリーコ二世がシチリア王位を継ぐことになる。何度もローマ教皇から破門されたり、第六回十字軍を率いてエルサレムを奪還したりする有名な皇帝でもある。フェデリーコ二世、つまり神聖ローマ皇帝フリードリッヒ二世はシチリアで育ち、皇帝位を得たのちもシチリアに滞在することが多かった。そのためもあってか、皇帝はラテン語、ドイツ語、ギリシャ語、アラビア語、イタリア語などを読み、書き、会話もできたというのだ。また、それまでのシチリア王国と同様、イスラム教徒が臣下や軍隊にもいて、狂信的な宗教的態度はなかったという。この辺りはルネサンスの先駆けとされるところでもあると納得。ただし、このころからシチリアでの宗教的寛容さは衰退していく。

フェデリーコ二世は中世シチリア王国としては最後の王。そして皇帝の死後この島はフランス王のものとなり、さらに十三世紀末期にカタルーニャの支配を受けることとなる。

みちのくの先

「東は外が浜、西は鬼界島」といって、それが日本の東北端と西南端という考え方が長くあったという。その外が浜は津軽半島の東海岸から北端までなので、その先は津軽海峡と北海道だ。半島東寄りに竜飛岬に向けて津軽山地があるため、外が浜は山が海に迫る地形が続く。海岸に山が迫り、平地が少ない東海岸に、点々と町があるのを不思議に思うが、陸奥湾を介した航路があるからなのだろうか。東海岸に国鉄津軽線が開通するのは戦後の昭和三十六年のことだ。反対の津軽山地西側は津軽平野で、岩木川流域に田んぼやりんご農園が広がっている。平野の東に沿って、ということは津軽山地の西縁に沿って、私鉄の津軽鉄道が通っている。冬のストーブ列車で有名な、五所川原から津軽中里までの約二十キロの線路だ。こちらは一九三〇年、昭和五年の開業だから山地西の平地側の方が賑やかだったのだろう。

ところで、津軽半島の西海岸は半島付け根の鰺ヶ沢からすうっと弓のように美しい緩曲線を描く。この海岸線を七里長浜と呼ぶようで、海沿いは砂地と湖沼が続き、人の手を感じない。七里長浜が尽きるところが十三湖。日本海とつながる汽水湖だ。いまではもっぱらシジミ漁で語られてしまうが、ここには十三湊《とさみなと》と呼ばれる港があった。日本海廻りで北上して来た沿岸航路の終点で、これより北は北海道となる。そのため中世には豪族の拠点ともなり、都で珍重された北方の獣毛や鳥の羽根などの交易で栄えたという。いまは静かな湖だが、かつて栄華を誇った港湾をもう少し知るよすががあってもいい、と感じるのは贅沢だろうか。中の島にある市浦歴史民俗資料館では地味ながら、当時この地を支配した安藤氏の城跡や港、出土品などの貴重な資料を見ることができる。

出版社の依頼で旅行記を書くために、太宰治が故郷の津軽を訪れたのは昭和十九年初夏。列車で青森に着くと、半島内陸にある生地の金木ではなく、津軽半島東海岸を路線バスで外が浜の蟹田、今別、三厩《みんまや》と海沿いを北上する。この津軽山地を太宰は梵珠《ぼんじゅ》山脈と書いている。太宰は外が浜を竜飛岬まで、つまり半島北端に達すると、再び東側陸奥湾沿いにバスと船で青森に戻る。そのあと、今度は津軽平野を北上して金木に向かう。取材旅行だからかよく動いている。この旅が紀行文学ともいえる『津軽』として、戦争末期の昭和十九年十一月に出版される。

三厩で童女の手毬歌を耳にした太宰は、「いまでも中央の人に蝦夷の土地と思い込まれて軽蔑されている本州の北端」と言いつつ、その美しい声に感動している。東北は古代ヤマトの征服の対象地だったのだ。坂上田村麻呂が北東北まで達し、蝦夷の総師阿弖流為《アテルイ》の投降が九世紀初頭の延暦二十一年。奥羽の相当な範囲がヤマト領となる。その数年後には戦争の負担が重たくなったとして、桓武天皇が征夷を停止したのが平安時代初期だ。しかしその後もずっと都、中央の人々は奥羽を蛮地のように思ってきた歴史があるのだろう。太宰の『津軽』は、幼時に子守だった越野たけとのドラマチックな再会が強く印象に残るし、それは素晴らしいのだが、津軽人の気質、古代の阿倍比羅夫《あべのひらふ》や坂上田村麻呂の征夷、その後の安東氏、津軽藩に連なる津軽氏など、津軽地方の歴史や風土にも目配りが利いている。

奥羽についての優しいまなざしは『古代東北と王権　「日本書紀」の語る蝦夷』（中路正恒）にも通じる。こちらはヤマト勢力が北に拡張していく様を日本書紀、続日本紀など歴史記録から読み解いていくのだが、蝦夷側の視点をも忘れない。いくつかの柵と呼ばれる最前線を少しずつ北上させるも、境界地帯の人々を過度に刺激しないような軍隊の動かし方の工夫を、現地幹部間で協議し、都の許可を得たという話も載っている。ヤマトの統治が及ぶ領内でも蝦夷出身者が官僚に加わることもあり、現地高官への登用があったり、その処遇の差別感で反乱となったりという事件が起こる。また、蝦夷を大和側から境界地帯、さらに北へ向かって順に「熟蝦夷《にきえみし》」「麁蝦夷《あらえみし》」「都加留《つかる》」がいると、七世紀中ごろに遣唐使が唐の天子に説明した記録が残っている。

ところで、北方といえば、粛慎《しゅくしん》、靺鞨《まっかつ》、渤海《ぼっかい》という大陸の沿海州辺りとの行き来を記した記録がかなりある。蝦夷、アイヌとは別の土地の別の人たちとして把握されていたのだという。古代より沿海州と樺太、北海道、東北との人の交流は延々とあったようだ。何しろ間宮海峡は冬季に凍結して、樺太と大陸は徒歩で行き来ができるというのだから。

旧友と再会し幾度も酒を飲む場を持ちながら、太宰は五所川原から鰺ヶ沢、深浦へと日本海側を進む。深浦の港は津軽の西海岸最南端で、ここを過ぎるとまもなく秋田。したがって太宰の旅はここで折り返し、津軽を戻って行く。私もたまたまながら津軽の旅を深浦で折り返した。太宰の真似ではないが旅の区切りにはそれもいい。太宰は鰺ヶ沢を細長いばかりで中心のない町、と感想を述べているが、本当に駅から海に出ると海岸に沿って右が港、左に家々が続く細長い町だった。作家の目は意外にも旅行ライターの確かさを兼ね備えていたのだ。

この日本海沿いに走る五能線は海岸美の車窓で有名な路線だ。そのための気の利いた観光列車も走っている。生活列車ではないので、千畳敷駅では十五分ほど停車して海岸散歩もできる。とはいえ、普通のローカル列車でも美しい車窓風景は平等に楽しめる。

格子の街区

近鉄電車が大和西大寺駅を出ると、終点奈良まであと二駅なのに広大な草地のなかを走る。その草地のなかに、朱塗りの柱、瓦屋根の古代建築が三棟見えてくる。右側車窓が朱雀門《すざくもん》、左側遠くが大極殿と南門（大極門）で、平成から令和の再建である。奈良の都、平城京は南北に長い長方形で、格子状の街路が整然と整備された条坊制だった。大極殿があるのだからこの広大な原っぱが平城京の北部中央にあった大内裏《だいだいり》、つまり皇居と行政機関のあったところだ。大内裏は平城宮とも呼ばれる。電車はどんどん走り、途中で地下に入って終点近鉄奈良駅に着く。ホームから地上に上がると、さっきの原っぱが嘘のように賑やかな市街に出る。これなら県庁所在地の街という感じで納得。

現代奈良市街地は古代平城京の東北の外れの位置にある。かつては外京と呼ばれたエリアだ。つまり平城京の長方形エリアは、現在では逆に街外れのほとんど田園風景のなかにあるのだ。

千三百年を隔てて街の中心地が東の方に移っている。この東北側の若草山に向かって徐々に高度を上げている土地には、奈良時代から東大寺、春日大社、興福寺、元興寺の広い敷地がある。現代の奈良市観光名所は主にこのエリアに集中している。

春日大社一の鳥居から始まる三条通りは昔もいまも大通り。三条通りを西に進むと、興福寺と猿沢の池の間を抜け、しばらく両側に商店や飲食店が連なり、そのままJR奈良駅まで続く。でもまだそこは平城京の東側、左京である。そのまま三条通りをまっすぐに西進し、佐保《さほ》川を越え、国道二十四号線を渡ると、やっと平城京南北方向の中心線、朱雀大路付近となる。残念ながらこの三条通り辺りでは朱雀大路は消えてしまっている。ところで、皇居大極殿を北側中央に配する平城京では、皇居から南を見て、左にある東半分を左京、西側半分を右京という。これは京都平安京でも同じ。さらに三条通りを西に進み、近鉄橿原《かしはら》線尼ヶ辻駅を過ぎると、この直線道路もそろそろ終わり。古代平城京の西端となる。JR奈良駅までの市街地ショッピングエリアというイメージの強い三条通りは、現代でもかなりはっきりと古代ルートを維持する数少ない直線道路なのだ。

奈良の世界遺産やそれに準ずる寺社を建築、庭園、土木、考古学の観点から取り上げるのが

『奈良の寺』だ。奈文研こと、奈良文化財研究所の研究者たちがそれぞれの専門から執筆している、ちょっとクールな奈良へのアプローチなのだ。その分、仏像・仏画への仏教的、美術的な記述は少ない。古都の情報はあふれるほどあるのだから、このように考古学的に古代平城京を再現するような本もあっていい気がする。興福寺、薬師寺、大安寺の現在の姿だけではなく、条坊制の四角の敷地を組合せたオリジナルの姿を思い描ける。古代の香りを残す奈良を歩きながら、当時の寺域や壮麗な建築を想像するのも悪くはない。

平城京は七一〇年に開かれ、およそ七十年ののち長岡京そして平安京に遷都がなされ、奈良に都が戻ることはなかった。そのため格子状の整然とした都市も徐々に荒廃し、田園に戻っていく。これはもしかしたら平城京には幸いだったかもしれない。それから千年以上、現代まで開発がわずかな田園地帯だったおかげで、古代遺跡が土中に保存されたのだ。電車から見えた広大な原っぱは平城宮跡歴史公園として整備が進み、古代の風景を立体的にイメージができる空間になりつつある。

ところで、平安遷都後、政治の中心は京都、平安京に移る。すると、奈良の街は北の京都に向く必要が生じる。京と奈良を結ぶ道が、奈良では東寄りの山麓を通って平城京東北の外京の辺りに来ていた。そのため、奈良では平城京東北だけが市街として残り、現在も県庁をはじめ行政や商業の集積した市街地となっている。

京都に移った都はその後およそ千年以上もの間、明治に東京に移るまで、日本の首都であり続けた。その京都を考古学・歴史学を背景にやはりクールに描くのが『京都〈千年の都〉の歴史』(髙橋昌明)だ。

平安京は奈良の平城京より一回りほど大きく、同じ条坊制の整然とした格子状に街路が走る構造の、南北がやや長い長方形の大都市と、私はずっと思っていた。しかし、実はそれは設計図上だけのことだった。非常に広い都城であるため遷都後も街路整備は続いたようで、皇居と行政庁の大内裏はできていても他の地域は建設途上。遷都後十年ほどのちの九世紀はじめのころには、征夷と造都が大きな負担になっていたという。征夷とは東北に向かってヤマトの勢力範囲を拡張する戦争。坂上田村麻呂がほぼ北東北まで制圧したのが八世紀末だ。国中で人々が兵役や都の造営に動員され、疲弊も大きかったらしい。時の帝、桓武天皇がこの征夷と造都を中止する決定をしたというのだ。結果として、西側の右京(現在の右京区にあらず)の西側半分くらいは造営されず、縦横の街路もないまま工事が止まったという。左京も南東端は未整備だった。

これで納得がいく。現在の京都市街はもともとの左京と東山が賑やかで、すぐ思い浮かべられる南北の大通りは烏丸通り、河原町通り、堀川通りでどれも左京にある。ところで、明治以降敷設された鉄道はたいてい市街地中心に入らず都市の外れを通り、駅も外縁部に設置されることが多かった。そして、山陰本線（ＪＲ嵯峨野線）とすぐそばを並行する千本通りが、かつて平安京中心線の朱雀大路とほぼ重なるのだ。つまり明治時代に、そこは市街地の西の外れの方で、線路を通しやすかったということ。えっ、我々が歴史の教科書で見てきた長方形の平安京は設計図だけだったか、と少々裏切られたような気にもなるが、でもそれが歴史的事実。

さて、格子状長方形が設計図だけだったのは仕方ないとして、都市形式が同じ奈良の平城京との決定的な違いは都としての歴史の長さ。平安時代にも戦乱があり、その後に武家社会になっても戦乱や火災が繰り返され、江戸時代にも大都市として続き、明治以後も日本を代表する大都市のひとつであり続けてきた。これでは平安京オリジナルの跡は何層も地下になるか、遺構が破壊されて、いまでは目にすることなどできようがない。

平安時代後半の十一世紀には、天皇の御所が大内裏エリアから出て東側に移ることが定着してしまう。大内裏は衰退して、現代では大小の通りと町屋が密集する市街地だ。観光で京都を歩いて「なぜ京都御所が大内裏のところになくて左京なの?」と不思議な気分でいたことがスッキリした。それにしても、奈良も京都も時代とともに中心が東に寄っていくのが面白い。

大草原の興亡

玉門関《ぎょくもんかん》の先、途方もなく広大な砂漠と草原の続く中央アジア。峻嶮な山岳が東トルキスタンと西トルキスタンを分けているが、東は中国新疆《しんきょう》ウイグル自治区、西はウズベキスタン共和国をはじめとする旧ソ連地域となる。もう少し上空に離れて地球儀目線で言うと、西端はカスピ海、東は現在の中国ウイグル、南端はパキスタン北西のカイバル峠辺り、北はロシアのシベリア南端。ただ、中央アジア範囲の定義はいろいろある。

古代から長い長い年月の記録は、専ら中国側と遥か西方のギリシャ・マケドニアなどの文書に頼る。興亡を繰り返した草原の諸民族は文字を持たぬか、あっても多くは残らなかった。それでもモンゴル帝国やチムール帝国以降は中央アジアにも文字記録が残るようになる。圧倒的に広大で人口希薄な空間だ。中華文明の側が周辺を蛮族とみなして、東夷《とうい》、北狄《ほくてき》、西戎《せいじゅう》、南蛮《なんばん》と呼んだうち、西方の西戎が西域ともいえる。数多の遊牧・定住の民族が駆け抜けたそこには、未知、夢、謎、冒険がぎっしり詰まった魅力があると、井上靖は『西域物語』で書いた。

紀元前の漢代に武帝の命を受け天山山脈、パミール高原を越えて西トルキスタンまで到った張騫《ちょうけん》の冒険、西域遊牧異民族に嫁がされた漢王族の細君の悲劇、西域に甚大な荒廃をもたらしたジンギスカンの遠征、チムールによるサマルカンドの復興。このように、西域には幾重にも塗り重ねられた歴史が眠っているのだろう。

玉門関を越えて行くというのは古来中国の視線で、現代人は空を飛んでポンッと目的地に着いてしまう。私もかつて新潟からハバロフスクを経てウズベキスタンの首都タシュケントに飛んだし、井上靖も空から西域に降り立った。学識深い著者は二度にわたり西トルキスタンを旅し、その筆は軽々と広大な地域を移動し、多くの民族のドラマを語っていく。ソグディアナ、イシククル湖、アンディジャン、フェルガナ、ブハラ、ドゥシャンベ、ヒワ、サマルカンド……。キラキラ輝くような地名を目で追うだけで旅心がウキウキしてくる。まだまだ西域は、未知、夢、謎の地なのだ。私は何回も何回も何語の音かも分からぬ地名、人名を読み、未知の空間を夢見ていた。そしてあるとき、「三蔵法師の通った都邑《とゆう》に行ってみたい」と思ってしまった。

タシュケント発の小型のアエロフロート機から降りたったサマルカンドは、オアシス都市としては大きな方のようで、すぐには周囲が砂漠のオアシスという感じはしなかった。ここは現在のウズベキスタン共和国である。市内には現代建築のビルディングもあり、ソ連時代は外国人が泊まれるホテルはそのようなタイプだった。とはいえ、多くは何百年も同じような形だったであろう低層の建物が連なっている。そんな茶色や灰色の街並のところどころに、空の青さに負けまいとするかのような艶やかな青タイルに覆われたドームが聳えている。大小のモスク、いやここはウズベクの地だからマスジドと言うべきかもしれないが、そのほとんどが青タイル。イスラム学校であるメドレセも青タイル。砂漠の世界では空と砂の色が色彩の主役になるのだろうか。

サマルカンドに現存する青の建築は多くが十四世紀チムール帝国時代のもの。私は玄奘三蔵の歩いた都邑を見たくて、ここサマルカンドに来たのだったのだが、西域物語はこの一つの都邑についても幾重にも積み重なり埋もれた歴史を教えてくれる。紀元前四世紀、つまり二千三百年以上前に、遥か西方のマケドニアからアレキサンダー大王がここを攻略したのが歴史の記録の始まりかもしれない、と。その後、中央アジアに影響力を伸ばしてきた外部勢力は、ペルシャの帝国やインドの王国、北方の遊牧民族だった。七世紀に東方から玄奘三蔵がサマルカンドを通って南のインドに向かう。そのあと、急膨張するアラブ・イスラム勢力に蹂躙される。十三世紀のジンギスカン・モンゴルの侵攻以前にどれほどオアシス都市は破壊と復興を重ねてきたのだろう。が、西域物語は言う。現在のサマルカンドはチムール以後のものだと。それは都市建物再建のことではなく土地そのものの位置がズレているということだ。現サマルカンド北東に広がるアフラシャブ遺跡が元々のサマルカンドで、モンゴルの破壊と殺戮の凄まじさから同じ場所には都市が復興されなかったと。確かに、そこは剥き出しの地面が大きく凸凹に波打つ荒地のまま広がっているだけの広大な遺跡だった。

サマルカンドから列車で向かったブハラは、さらに茶色と灰色の色彩に支配された街だった。街の縁にある旧王宮を除くと大きな建物は少なく、静かな中世がそのまま続いてきたような佇まいだ。そんな砂色の道を歩いていたら、おじさんが我が家に寄っていけと言う。ウズベク語ができず、英語も通じないのに、そう理解できてしまった。さすがに旅の無謀はいき過ぎてはいけないと遠慮した。そうしたら、すぐそこの自宅であろう住居に入ったおじさんが再び現れ、水を湛えた椀をくださる。飲んでゆけというのだ。この親切はありがたくいただいた。そういえば、路上のジュース屋では、コップを洗って使い回す方式だったけれど何回も飲んだ。衛生より渇きが勝っていたのだ。

ブハラもオアシスだ。ホテルロビーに現地ツアーの一覧が掲げてある。そのなかに「Desert & Camel」なる文字を見つけた。ホテルには英語表示があるのだ。翌日、迎えに来たのはセダン。運転手と英語ガイドに案内され、ビューンと走ってキジルクム砂漠へ。砂漠といっても茨状の植物がわずかに生えてはいる。水分蒸発を防ぐ固い植物だ。ツアー名に嘘はなく、遠くにラクダも見える。女性ガイドは自ら「私のオリジンはKoreaなの」と言う。極東から遥かに離れたウズベクに朝鮮系の人がいる。もしかすると、二十世紀前半にあったというソ連スターリン時代の、民族ごとの強制移住の結果なのだろうか。ロシア領の極東沿海州には朝鮮族がいたはずなのだ。中央アジアは現代でも、未知、謎がたくさん折り重なっているのかもしれない。

海や山岳など明確な境界のない、ひたすら広大な地域では、同じ場所に同じ民族、同じ言語、同じ国が続くということがいかに困難なことか。西域は二十一世紀のいまでもやはり、未知、夢、謎を湛えているように思える。

世界の十字路

両手の人差し指を伸ばして左右から近づけたように、ボスポラス海峡を挟んでアジアとヨーロッパにまたがる大都市、イスタンブール。何千年かの歴史を重ねて現在に続く。そのため、注目する時期により、この都市の様子も、あるじの民族も、宗教も違って見えるのだ。現在のトルコ共和国はケマル・アタチュルクの独立戦争によって一九二三年に建国。そこから遡ると、約四百七十年前の一四五三年までがオスマン帝国。それ以前はビザンチン帝国で、都市の名はコンスタンティノープル。ローマ帝国東西分裂後のビザンチン時代だけでも千年の歴史の重なりがある。歴史記録ではローマ帝国の三三〇年に都市が造られたことになっている。多分それ以前もローマやギリシャの植民都市としての機能はあったのだろう。

巨大なオスマン帝国四百七十年間のイスタンブールは、その始まりと終わりもドラマチックだ。オスマン帝国のメフメット二世がビザンチン帝国首都への総攻撃をおこなったのが一四五三年。オスマン海軍の艦隊をボスポラス海峡から密かに陸に揚げ、丘を越えて金角湾に入れ、都市背後から攻め落とした。数百年にわたりヨーロッパに恐れられた帝国も第一次大戦に敗北。その後にオスマン帝国将軍として国土防衛戦争から、帝国廃止、トルコの民族国家樹立を達成してトルコ消滅を防いだムスタファ・ケマル・アタチュルク。手に汗握る二つの戦争は『コンスタンティノープルの陥落』（塩野七生）と『灰色の狼ムスタファ・ケマル　新生トルコの誕生』（J・ブノアメシャン）で読み、そして、オスマン帝国時代を回顧しながら現代イスタンブールを歩く『イスタンブール　世界の都市の物語』（陳舜臣）を読む。何冊もの本で事前にたくさん勉強しても、イスタンブールの持つ街の厚みには敵わない。

私が坂の多いこの都市に降り立ったのは寒い雨の日だった。スッと石炭の匂いがする。それは一九八六年の冬だった。建物の暖を石炭でとっていたのだ。石やレンガの建物、いくつもの坂道、ローマ・ビザンチンの遺跡もオスマンの建築も、庶民の家々もがここに一緒にある。この都市で交錯した民族と歴史のぶ厚い蓄積を感じる。旅の街歩きとしては贅沢このうえない。観光の魅力が国中にあふれるトルコではあるが、私はトルコというよりイスタンブールに来たのだ。そのためトルコ周遊はせず、イスタンブールだけに滞在して街を歩き続けた。

ときどき雨が降り、寒い石畳の街で、歴史が幾重にも重なる建築物を眺め、ときに内部に入る。ヨーロッパ、アジア、北アフリカにまたがる大帝国のスルタンと呼ばれた皇帝や皇妃、大宰相が発願者である、巨大モスク（トルコ語だとジャミイやマスジド）が緩やかな丘に聳える。六世紀にビザンチン帝国皇帝ユスティニアヌス一世が建て、十五世紀にオスマン帝国になってモスクに変更された巨大ドームを持つアヤソフィア寺院は、共和国になってからは博物館だった。だったというのは、二〇二〇年に再びモスクに変更されたからだ。近年のイスラム化傾向の反映かもしれない。

トルコ軍人、西洋の軍人、ハレムの人々が歩いた坂道、宮殿、大小のバザール、茶店を見物し、金角湾入口のガラダ橋で焼き鯖のサンドイッチをほおばる。工事中で入れないというローマ時代の石造地下貯水池前でがっかりしていると、なぜか入れてくれるという、まるで係員のような人物が現れた。特にチップを要求されるでもなく、入れてしまった不思議。ミニバスで郊外に出ればローマ時代の石造城壁や水道橋がある。茶店のメニューでコーヒーは二種。コーヒーとネスカフェだ。コーヒーといったらそれはトルココーヒーで、カップの下の方にはドロドロのコーヒー粉。もちろんトルココーヒーを飲む。市街東のヨーロッパ側先端には博物館になっているトプカプ宮殿。ボスポラス海峡を横断するフェリーもたくさんあって、そのひとつに乗って対岸のユスキュダルへ渡った。十五分ほどの航海でアジア側に渡れてしまうのだ。海上からは、海に迫る緩やかな丘にいくつもの大小のモスクと尖塔が浮かぶように見える。何日滞在しても飽きない街だ。

帝国は常に多民族なのだし、そうならざるを得ない。しかし、歴史をみるとイスラム支配下の方がキリスト教支配の場合より他宗教、他民族に寛容なのはなぜなのだろう。イスタンブールはオスマン時代を通じて住民の半数が非ムスリムだったという。そして民族・宗教ごとに相当程度に自治が認められ、代表者が納税を代行すればコミュニティ内には裁判権までもあるミレット制度があったという。宰相や皇妃にもトルコ以外の民族出身者が多数出ている。また、アヤソフィアをはじめキリスト教聖堂がモスクに変更されることはあっても、破壊されたりすることは稀であったようだ。むしろ、民族や宗教の軋轢はオスマン帝国崩壊後の共和国時代、特に近年の方が強くなっている気がする。また、ミレット制に類似の恩恵的制度が、十六世紀ころからカピチュレーションとして、通商でトルコに来たヨーロッパ居住民に認められた。しかし、十九世紀西欧帝国主義侵略の時代になると、恩恵だったはずの制度が仇となってオスマン帝国に不利な治外法権・不平等条約化する。

トルコ民族は、歴史を遡ると遠く中央アジア・モンゴル高原にたどりつく。五、六世紀、隋・唐のころの中国の北方に大勢力を持った突厥《とっけつ》は、トルコ（テュルク）を意味したというし、もう少し歴史を下り十一、二世紀に中央アジア、ペルシャ、アナトリアを支配したセルジューク朝もトルコ。遊牧騎馬民族である。そしてその後、巨大帝国になるオスマン朝。こうして千年くらいの時間を経て中央アジアから西に移動し、アナトリアそしてヨーロッパに領土を持つ。ペルシャ・アラブの発展した文化文明を吸収して、オスマン帝国前期はヨーロッパに比べて科学も医学も圧倒的にレベルが高かった。この遊牧民が西に進んでイスタンブールを首都とする文明国となったとき、高原の草地を駆けていた貧しかった過去を忘れたかったのかもしれないと陳舜臣はいう。イスラムの文明国としてリセットすることだと。

この「西への志向」を読むと複雑な気分になる。西のヨーロッパに圧迫される二十世紀初頭に、青年トルコ革命の指導者エンヴェル・パシャは、第一次大戦敗戦後トルコを脱出し民族ルーツの東に向かい、大トルコ主義を掲げる。東から来たトルコという意識があったということか。そして中央アジアでソ連赤軍に翻弄され最期を迎える。また、共和国になった後の一九五二年には建国千四百年祭があったが、その起源、五五二年は突厥がモンゴル高原の覇者だった柔然を破ったときという。民族ルーツとして東への想いもあるのだ。

そんな歴史の欠片を知って中央アジアのウズベキスタンに行ったときだ。イスタンブール旅行で覚えたトルコ語の数字を市場で、一、二、三、百とそのまま言ってみたら、なんと通じてしまった。その驚きは忘れられない。

広大な隣の大地

極東海上に円弧を描く日本列島に住む者には、海を越えた北西の対岸から数千キロもずっと広がる巨大な大地と感じられるロシア。それはロシアというまえに、人口希薄で寒冷なシベリアである。遥か彼方のモスクワやサンクトペテルブルクなどといういかにもロシアらしいところと、手前の広大なシベリア。日本海の北に、いまも巨大な国としてロシアを感じる。

ロシアというと思い浮かぶことは、どうもネガティブというか否定的な語が多い気がする。北方領土、漁船拿捕、日露戦争、シベリア出兵、日ソ不可侵条約破棄、シベリア抑留、共産党独裁などなど。どれもこの百年ちょっとの間に起こったことばかりだ。しかも、極東ロシアのウラジオストクは成田から二時間半という隣国である。その隣国を否定語だけで済ませてしまってよいのだろうか。ボタンの掛け違いばかりの、必ずしも幸せではなかった日本との出会い。でもお隣を取替えることはできないし、少し冷静に眺めてみてもいい。

まず、こんなにすぐそばにロシア領土があるのはなぜなのか。長い日本史では、ウラジオストクや樺太は渤海、靺鞨やアイヌの地だったし、その先はオホーツクからサハ、広大で極寒の永久凍土の北極圏シベリアを経てスカンジナビア半島、グリーンランドまで、サハ人をはじめとする北方民族による、寒帯・亜寒帯の生活文化圏が連なっている。このことは、網走にある道立北方民族博物館に理解しやすい展示があって実感できる。シベリアは広大で寒い土地だが、その南寄りに西に向かえば、そこは砂漠や大草原で遊牧騎馬民族の天地だったではないか。遥か遠くのウラル山脈までは、そういう極寒の地から乾燥地帯が何百年も、いや何千年も続いていた。日本史上でも大和朝廷や平安朝のころは渤海国との交流の記録があるし、鎌倉期や室町時代はモンゴル帝国がそこにあった。ロシアの姿は影も形もない。

ヨーロッパとアジアの境となるウラル山脈の西側に、ロシアらしきまとまりができるのは八世紀ころ。それでも東方から精悍な遊牧民の襲撃が続く。彼らにとって数千キロはそれほど苦にならない距離だという。現代の飛行機で数時間はかかる距離であってもだ。南北に長いウラル山脈は標高千メートル前後の低い山地の連なりで遊牧民の侵入にはなんの防壁にもならぬくらいのものらしい。ひとたび遊牧民がまとまった集団になり西を目指すと、ウラルの先のロシア平原はいとも簡単に蹂躙、収奪される歴史の繰り返しだったという。その最大のものは言うまでもなくチンギスカンのモンゴル帝国だ。司馬遼太郎の『ロシアについて　北方の原形』はずいぶん前に手にし、何度か繰り返し読んでいる。タタールのくびきといわれる、東方からやってくる強力なアジア系民族に押さえつけられ、ロシアは発展できない。

そのためロシアでは国のような仕組みがなかなか成立せず、ロシア貴族層はモンゴルをはじめとした遊牧国家の下請けとなってロシア農奴を収奪するばかりの長い時間を浪費した。キーウ（キエフ）、続いてモスクワに大公国ができ、国らしくなるのが十五世紀も末。まだまだウラル山脈の西側の話だ。だから長い間極東でロシアの存在感はゼロだったのもうなずける。ロシアは若い国なのだ。

長い間、戦力は圧倒的に遊牧騎馬民が強く、それが逆転し始めるのには、銃をはじめとする火器の普及を待たなくてはならなかった。その若い国は十七世紀のピョートル大帝、エカテリーナ帝の時期に東に膨張する。最初は冒険者やコサックといわれるロシア人私兵、徐々にそれにロシア正規軍が加わる。銃や大砲といった火器が、それまでとても立ち向かえなかった遊牧騎馬民族の弓矢を凌駕する。それでも、ロシアは強い草原の遊牧民を避け、テンなどの毛皮が獲れる北方の寒いシベリアを東に進む。強いところは避け、弱いところを狙うというのが現代まで続くロシアに染み込んだ行動原理だという。ロシアはよく統治された地帯には手を出さない、と。そして、「外敵を異様におそれるだけでなく、病的な外国への猜疑心、そして潜在的な征服欲、また火器への異常信仰」は、遊牧民によるタタールのくびきの文化遺伝だと思えなくはない、と司馬は語る。

ロシアがテンやラッコの毛皮を求めて極東の海岸へ到達すると、日本との接触が始まる。寒冷なシベリアに食料の補給が必須だったが、それをヨーロッパロシアから運ぶのは遠すぎた。ロシアは日本との交渉を求め、北方の海で漂流した日本人を手厚く保護し、シベリアの中心イルクーツクに日本語学校までつくる。対する日本は、北方に現れる異人への恐怖心ばかり。しかも江戸期は鎖国で、異国船打払令だ。それに日本は北方のロシアを必要ともしていない。薪炭も食料も得られぬロシアと頑なに内向きの日本。出会いのときから補給が欲しいロシアと、恐怖感に身を閉ざす日本というボタンの掛け違い、不幸なすれ違い。アメリカのペリーが開国を迫ったのとほぼ同時期、ロシアも軍艦を長崎に寄せている。当時のロシア士官は貴族がほとんどで洗練された人々だったという。国際慣行に則って長崎に来たロシア、強引に江戸湾に乗り込んできたアメリカ。この裏にはわずかな貴族の士官と農奴の水夫のロシア、上も下も平民だけのアメリカ、そんな違いがあったのだ。

地上の生物、地下資源など一次産品ばかりを追って極東に現れ、いまもそこに存在しているロシア。長く東のアジアに蹂躙され、数百年かけてそれを克服してきたことで、兵器信仰が染み込んだロシアという国が隣にある。かたや、長崎に来たロシア士官は日本という国の「丸腰」に驚き、軍事的には簡単に制圧できると記録に残している。その後も海洋を防壁として丸腰に近いまま外交力も磨ききらぬ日本。このようなまま、隣国同士のすれ違いが続いているのだろうか。そのうえ近年でも、クリミア占領、ウクライナ戦争などロシアの横暴が目につく。隣国としてのロシアと日本、人間としてのそれぞれの国民を分けて考える冷静さをもてないものだろうか。

余話として、地図について。

ロシアを見るときはメルカトル図法の世界地図はやめた方がいい。メルカトル図では地球の南北が非常に拡大される。そのためシベリアやカナダは実際よりかなり大面積に感じられるのだ。人間って大きなものは怖いと感じやすい。北方の隣国を冷静に見るには地球儀にした方がいい。

空の視点、海の視点

空気と水

空の旅はワクワクする。大地からフワッと離陸すると、日常の些事は全部地上に置いて自由になれる気がする。海外への旅はほとんど飛行機だ。座席に掛けて、ゴーッという音を聞いていると、小さな窓に青空や白い雲、紺や碧の海洋、灰色のツンドラの土地が映る。高高度で巡航しているとき、音速に迫る速度であるのに、窓の外のものはゆっくりと後方に去っていくように見える。ずっと速度の低い地面近くの離着陸時の方が景色は高速で変化する。

贅沢なことにパイロットは前の操縦席という特別展望席で飛行の絶景を自分のものにしている。積乱雲を避け、稲光を見、眼下に海洋と陸地の区切りを感じているのであろう。『グッド・フライト、グッド・ナイト　パイロットが誘う最高の空旅』は、小さな扉で仕切られたコックピットに座るブリティッシュ・エアウェイズのパイロットの手による、飛行にまつわる美しい長編エッセイだ。マーク・ヴァンホーナッカーはロンドンを中心に、北米、アフリカ、日本、オーストラリアなど世界を飛び、時差と人間の感覚や地上の生活と上空にいるときの気持ちの動きまでをこの本のなかで追っている。

空気には重さがあり、だから飛行機は空を飛べる。普段人間が空気の重さをないもののようにして感じずにいるのは、水中の魚が水の存在を知らぬようにしているのと同じだという。高高度を巡行する旅客機ではあるが、それも空気のある範囲に限られる。地球をリンゴにたとえると空気はリンゴの皮ほどの厚さもないのだそうだ。その外はもうロケットの世界。飛行機を支える大気は下の方が濃い。空気の重さ、つまり気圧は場所や高度で変わる。気候でもだ。同じ場所であっても天気が悪いときは低気圧という。飛行機の高度計は気圧を測ることでいま自分のいる高度を割り出す。そのため離陸時に空港のその場そのときの気圧値を入力しないと、誤った高度を示す。ところが高高度で巡航するときは一転して世界共通の「標準気圧」を用い、そのような補正はしないという。そうしてフィクションの高度を共通尺度にすることで、航空機上下間隔を安全に保っている。フィクションだからか、この場合は高度三万四千フィートなどとは呼ばず、「フライトレベル三四〇」のように単位なしで表現する。

空気が流れると風になる。上空には高速で流れるジェット気流があり、東西方向に飛ぶ飛行機を推したり、前進を邪魔したりする。東京〜香港といった中距離便でも、西南方向の香港行きは逆方向の東京行きより一時間くらい飛行時間が長い。ロンドンからアメリカ西海岸へ行く旅客機は向かい風のジェット気流を避けて大きく北へ回り、アイスランド、グリーンランド、カナダ上空を飛び、大西洋航路なのに大きな島や大陸を伝って陸地の上ばかりということも多い、という。陸地といっても、グリーンランドなどは大半を雪と氷が占めているので、水ばかりを見る飛行である。

水、といえば海だけでなく雲も。雲は水、なのだ。言われてみると蒸気ならもっと高温でなければならない。小さな水滴か氷の集まりが雲。機上からは多種多様な雲が見える。積乱雲は天に向かって伸びる水柱のようでもあるらしい。しかし多くの雲は低空にある。旅客機が離陸して雲を抜け、巡行飛行に入るとそこは高度一万メートル級の空で常に晴天だ。大雨や雪で暗い空港から離陸しても、雲を抜けると太陽が輝き空の青と雲の白の二色の世界になる。だから巡航中の飛行機には昼と夜はあっても、天気は常に晴れ。旅の最初と最後だけ地上の天気を感じるのだ。晴れ渡った高高度から空港に向かって降下し、雲に入ると周囲は真っ白か灰色。雲は水滴か氷。厚い雲を抜け滑走路が見えればいい。だが、雲が低過ぎたり、濃霧が出ていたりすると、着陸中止。それを決断する「決心高度」直前に自動音声が「Decide（決心を）！」と着陸可否判断を促すのだという。地上の景色がどんどん近づき高速で真後ろ方向に流れ去る窓を眺める乗客。そのキャビンと区切られたコックピットでは機長が「Landing（着陸）！」とコール。十五秒後にバシュッと着地して、飛行機は三次元から二次元の動きに入る。

「飛行をこうも美しく表現することができるのか！」と訳者を感嘆させ、あとがきに書かせたほど、流れるように心地よい文章が旅客機の搭乗、離陸、上昇、巡航、飛行経路、降下、着陸を語っていく。決して技術解説にならず、長編エッセイのように、だ。日本語文も美しい。訳者岡本由香子は元航空自衛隊の管制官。航空機の運航、空気力学、気象を知り尽くしているからこそ、分かりやすく、そして流れるような文章を生み出せたのだろう。

旅好きに飛行機好きは多い。旅が好きで飛行機が好きになった人もいるだろう。メカニズムや技術的なことだけでなく、飛行の各局面や、大気や光、飛行での人間のコンディションをゆっくり読み、旅の始まりと終わりに旅客機の客となったとき、ここで描かれる光景をちょっと思い起こすのもいい。

航海の時代

現代の海外旅行は圧倒的に空の旅なので、国際定期航路としての船の旅はどのようなものだったか想像もできない。でも、一九六〇年ころまでは旅客船が主役だった。それに、海路は太古からの交流の道だったはずだ。定期船の旅をしたくても、現代では贅沢としか言いようのないほどの長い時間がかかるし、何といっても航路が限られている。国内で乗ったことがあるのは、東京竹芝から伊豆大島、新潟から佐渡、瀬戸内海と東京湾のフェリーくらいだろうか。国際航路では、バルト海を夜行でヘルシンキからストックホルムへ大型船に乗ったことと、香港とマカオの間だけ。いちど、客船時代を疑似体験したくて、香港ビクトリアハーバー東の狭い入口、鯉魚門《れいゆうむん》から外洋に出る離島航路の小さな船に乗り、同じ日の夕方に香港に戻ることで、二週間かけて日本から来て香港の港に入った「気分」だけ味わったことがある。

そのように、ほとんどなくなった長距離国際定期航路に関して、幕末から戦後にかけての百年くらいの幅で、日本からヨーロッパに船旅をした人々の紀行や記録を集めた『海の上の世界地図——欧州航路紀行史』（和田博文）は、航海の様子を垣間見させてくれる。

初期の欧州航路には、よほど重たい使命を帯びている要人か、留学や行政官としての赴任か、学者や実業家、画家、文人のような人たちが多く、そのため当初は、日本人旅客の乗船クラスは一等か二等の上級クラスが多かった。彼らが書いた紀行文もしっかりと残っている。そして、徐々にツーリスト・クラスともいえる、その次くらいの等級に乗る旅行客も増えてくる。船旅の様子やシステム、客室の等級、運賃や運航する会社と所属国など興味深く、あまりに知らなかった話題がたくさん。現在のクルーズ船での周遊の旅とは似て非なる定期航路だ。

日本からヨーロッパに到るルートは三つあったという。一つ目は西へ、インド洋を越え、アフリカ南端の喜望峰を廻るか、紅海に入りスエズで上陸して地中海側で再び船旅。一八六九年のスエズ運河開通後はインド洋から地中海への航路が主となる。二つ目は日本海を船で渡って、シベリア鉄道の陸路。そして三つ目は太平洋を渡りアメリカ経由で大西洋を越えるルート。ヨーロッパへの旅はこの順で多かったという。そのため欧州航路の記録も第一のルートが中心となる。昭和初期の記録ではロンドンまで五十一日を要した。

欧州航路では、幕末の日本使節や視察団は英仏の軍艦に乗って渡航した。香港やシンガポールでの乗換えがあったり、運河開通前のスエズは陸路だった。明治になるとヨーロッパ商船の定期航路もでき始める。横浜、神戸、門司を出ると主な寄港地は上海、香港、シンガポール、マラッカ、ペナン、コロンボ、アデン、スエズ、ポートサイト、マルセイユなどだ。フランス船だとサイゴンに寄港する。スエズ以東の寄港地はすべてヨーロッパ列強帝国主義国の植民地や支配地、保護領だと知り愕然とした。しかもそのほとんどがイギリスの。まさに大英帝国華やかなりし時代。ヨーロッパ植民地に向けての商用旅行や出稼ぎ、移民という移動もあった。それもあって、欧州航路の三等などのクラスにはアジア地区内区間利用のアジア人船客が多かった。

船は昔もいまも客室の等級区分が多い。特別三等や三等、四等は寄港地区間利用のアジア人の比率が高く、客室の居住環境はかなり悪かったようだ。換気が悪く悪臭がしたという記録もある。食堂も一、二等とは区分されている。そして驚いたことに、それよりさらに下にデッキ・パッセンジャーというクラスがあった。甲板にテントを張ったりして過ごすようなのだが、嵐のときはどうするのだろう。また、船内客室クラス以上にヨーロッパ人による、アジア・アフリカ人に対する差別的態度や取扱いが目立ったという。そもそも西洋から見ればアジア航路は植民地への道であり、帝国主義的搾取ルートなのだ。そういう立場の人々からは遅れた支配地の人間に見えるのかもしれない。寄港地でも、船内でも、そのような光景を目撃した日本人が受けた衝撃は大きかったようだ。

船内の格差とは別に路線による客層の差もあったようだ。日本にとっての欧州航路は列強との交渉、ビジネスの開拓、先進的学問の吸収、美術音楽などでの留学の色彩が強いので上級クラスに乗る日本人が多かった。それに対して、ハワイやアメリカ大陸西海岸へは日本人移民の旅が多かったという。勢い三等や片道キップの乗客が主になった。

明治維新後の日本はまだまだ新興国だ。東アジアとヨーロッパを結ぶ長距離国際航路は欧米列強が牛耳っている。そこに日本の海運会社が参入して、少しずつシェアを広げていく。最初に欧州航路に参入するのは日本郵船で、一八九六年、明治二十九年三月に横浜からロンドンを経てベルギーのアントワープへ向かった。維新から二十九年後という早さは快挙と思える。ただ船長はヨーロッパ人で、日本人船長が登場するのは日露戦争以後だ。そしてこのころの欧州路線にはヨーロッパ船会社中心に、海運同盟などと呼ばれるカルテルに近い運賃協定のようなものがあって値崩れを防いでいたようだ。日本の海運会社では長い間日本郵船一社しか加盟を認められていなかった。

そういえば、航空旅行が伸び始めた戦後の一時期に、国際航空運送協会（IATA）が国際線の運賃ルールを決めていた。運賃カルテルの色彩もあったし、協会非加盟社は新興国の航空会社が多く、競争的低価格であった。海と空で時代は違っても、似たようなプロセスを通ったのかもしれない。

さて、日本の乗客に目を戻すと、比較的運賃が安いことや、日本食が食べられ日本語が通じることで、日本船を選ぶ傾向が強かったようだ。日本郵船以外では、英語が通じるので英国船を選ぶのに、料理が旨くないという不平の記録も残る。食事への不満はドイツ船でも見られた。言葉の不自由があるものの、食べ物ではフランス船を褒めたりと、船客は気ままでもある。

客船による国際航路の時代に影を落とすのは戦争。日露戦争、第一次、第二次世界大戦、それから寄港地での局地戦や革命がある。それらの時期はかなり危険な旅でもあったようだ。長い航海の途中で開戦があったり、戦況が変化したりで航路が途中で変わることもあったという。日英同盟のあった第一次世界大戦期はドイツに日本船が狙われたり、実際に撃沈されたりすることもあった。第二次大戦では商船も壊滅的被害を受けている。

そして戦後、国際旅客交通は飛行機の時代に変わっていき、船舶は貨物輸送が主となる。航空では、機長がキャプテン、飛行機がシップなど、海運用語が使われる場面が多い。国際運輸交通が船舶の歴史のうえで、航空機へと発展してきたからなのだ。

楽園を知る

　私は長くハワイに行ったことがなかった。あちこち旅はしていたのだが、ハワイはなかった。あるとき、仕事で初ハワイとなった。ところが、ハワイについてはなにも知らない。ビーチ、楽園、ホノルル、火山、ダイヤモンドヘッド……くらいだろうか。情けないほど知らない。で、慌てて本屋に行った。ガイドブックとハワイの本を買うためだ。

　ガイドブックはすぐ何種類か見つかった。さすが大観光地、楽園ハワイである。しかしどれも写真が多く、その大小の写真に申し訳程度の短文が付いているものばかり。それでも、多少まとまった説明のあるガイドブックがあったのが救いだ。そのコンパクトな一冊を選ぶ。ハワイに限らずだが、以前は欧米製のそれのようにしっかりと文章の説明があって、観光を軸にしつつもその土地のことを知ろうとする目配りのよいガイドブックがあった。でも、事情通によると、いまは文章中心のものは売れないのだという。需要がそうなってしまったのだ。だからそれをガイドブックのせいにしても虚しい。

そういう気分もあって、最初にガイドブックだけでなくハワイの本も買おうと考えていた。ガイドは簡単だったが、ハワイのことが分かる本は難しい。学術的なものだと分野別に何冊も必要だし、そこまで追究するつもりはない。そういったなかで見つけたのが、ちょっと渋めだけれど『ハワイを知るための60章』（山本真鳥・山田亨編著）。これが大正解で、六十の章を十の大分類に分けて多角的にハワイを説明しているのだ。十を順番に並べると、①自然環境、②ファースト・ピープル、③西欧世界との接触、④移民の歴史、⑤合衆国併合からハワイ州誕生へ、⑥観光開発、⑦先住民運動、⑧ハワイ社会の現在、⑨ハワイ文化の現在、⑩日本とハワイ、である。この項目名だけ見てもハワイに関することが網羅的に記載されていることが分かる。各章は多くの研究者が分担執筆しているが、読みにくいということはなかった。

最初にある自然環境の項で、ハワイが地球中心部のマントルレベルから直接マグマが噴き出す場所にあること、オアフ島、ハワイ島など大きな島が南東側にあり、かつて噴火していたであろう老齢の小さな島々が西北西に全長二千五百キロも連なっていることなどをいきなり知ることとなる。ハワイ島付近にある動かぬマグマの噴出地ホットポイントから、列島が毎年八・六センチずつ日本の方に向かって動いているという。そうして噴火から生まれた島々であるので、最初はまったく生物のいない島だったが、そこに数千万年もかけてわずかずつ植物が育ってきたという。なにしろハワイは太平洋の真ん中に他の陸地から隔絶された島々なのだ。

常夏の楽園ハワイの天候はというと、ほぼ通年北東からの貿易風が吹き、夏でも乾燥して過ごしやすいが、北東側に面した山の斜面は例外的に多雨で森林が発達しているという。実際に行ったマウイ島では、晴れたワイレアのホテルから見ると、大して離れていない西マウイの山には雲がかかっていた。

十九世紀はハワイでも欧米との遭遇、経済支配、キリスト教による伝統文化の破壊の時期だった。王国のカメハメハ大王の死去が一八一九年、その後数代の王が続く。そのころ、サトウキビ栽培と製糖業が興り、欧米系移民の産業家がプランテーションを拡大させる。その利権に親米派と親英派も絡み、ハワイ政治が混乱する。九三年にはなんと米軍の介入もあって、王政が倒れる。ヨーロッパやロシアは南北アメリカに手を出すな、アメリカもヨーロッパに介入しない、というモンロー主義がまだあったアメリカは、ハワイをすぐには併合しなかった。ハワイはどう見ても南北アメリカ大陸から遠い。まあ、モンロー主義というと聞こえはいいが、南北アメリカ大陸はアメリカの陣地・縄張りだといっているようなものだ。そしてハワイは共和国となるが、臨時政府代表はアメリカ人であった。アメリカに併合されるのは九八年である。これと並行して米欧の資本によるプランテーションに労働者として、華南地区（中国南部、広東、広西、福建など）からの華人、世紀後半では明治になった日本からの移民が導入される。中国辛亥《しんがい》革命前に、孫文がハワイに親戚を頼って来たというのもこの時期。そしてハワイは一八九八年にアメリカの準州となり、第二次大戦後の五九年には第五十番目の州に昇格する。ハワイはアメリカ、とシンプルに思っていたけれど、そうなってまだ百二十年くらいの歴史しかないのだ。

アロハ、ワイキキ、ホノルルはどれもハワイ語なのだが、十九世紀からの欧米支配そしてアメリカへの併合により、ハワイ語は衰退したという。二十世紀半ばにはハワイ語話者は二千人程度まで減少したが、その後先住民運動などもあって徐々に復活し、一九七八年にはハワイ州の公用語になっている。また、日本語では「ハワイ」と表記されることが一般的だが、どうも現地発音は「ハワイイ」に近い音らしいのだ。いつかどこかで、ハワイイに変わることがあるかもしれない。

ところで、ハワイ州民の不満に、本土アメリカ人にハワイを外国だと思っている人が多いことがあるという。ハワイ宛の郵便を出すときに、本土の郵便局で「国際郵便になる」と告げられることもあるのだ。無知ではあるが、ハワイがアメリカの領土であるということは必ずしも自然ではないことの証。ちなみに、ハワイの人種別人口は二十一世紀初頭で一番多いのが白人、次がフィリピン系、日系は三位。ハワイ人は第四位なのだそうだ。

さあ、観光である。二十世紀になり、まずは客船でアメリカ人が観光に訪れる。ワイキキはもともとは沼の多い湿地帯だったものを、大量の砂を入れて仕立てた人工のビーチだ。戦後は航空機の時代となる。アメリカからの距離感がグッと近くなり、ジェット時代になると西方から高度経済成長中の日本の観光客が激増。九〇年ころには日本人は観光客の半数を占めるようになったという。ここで面白いのが、団体パッケージツアーを中心とするマスツーリズム化に加え、日本人への対応策が学ばれていることだ。同じ料理を一斉に出すこと、トラブル発生時はまずは謝ること（!）、チップの習慣がない日本人用に予めチップを含んだミールクーポンを作る、などだ。

そして、観光客が目にするフラ（ダンス）。フラは古代では専ら男性が踊る宗教的なものだった。欧米との遭遇後は他の「未開」社会と同じようにキリスト教宣教師により、ふしだらで野蛮な踊りとされて衰退したのだそうだ。その一方でフラは女性が踊ることでショービジネス化してもいた。でも、まだハワイは幸運だったかもしれない。二十世紀後半にハワイ文化復興の機運とともに、伝統的な詠唱と打楽器を伴い、男性が踊るフラも広がってきたというのだ。

さて、ハワイに着くとそこにはきれいなビーチが。でも、日本と違い、ビーチでは禁酒・禁煙。このあたりはガイドブックをよく読もう。

海のアジア

マレーシアという国には州の王様が九人いて、五年交代で国の王になると聞いたことがある。現代の話だ。もうそれだけで虚を突かれ、常識がひっくり返るような気分になってしまうが、州は十三あって四州には王がいない。ずっと国王を出せない州もあるのだ。「国」というものもずいぶん違いがあるけれど、それはフランスやドイツ、日本のような、ヨーロッパ近代が生み出した国民国家的なモノサシで考える、いかにも国らしい国から見るからなのだ。

多数の島々の浮かぶ海域とインドシナ半島からなる東南アジアは、もともと非常に人口希薄な地域だったという。マングローブ林と泥の海岸が多く、農地に適したまとまった平地が少なく、水運交易を主に行う集落が点々と散らばる地域だった。河口は交易集落の格好な立地で、そこを抑えた者たちが王、ラジャとなる。その幾人ものラジャを束ねた者が大王、マハラジャとなったという。そのマハラジャの末裔が現代のマレーシア九人の王、スルタンであり、ブルネイのスルタンだと知ると、感慨深い。ここでちょっと気を付けなければならないのは、マレーシアやブルネイといった現在国連に加盟する単位の「国」よりずっと前から、それらの地域にラジャやスルタンはいたのだ。

現代風の「国」が成立する前の東南アジア地域では、ラジャやマハラジャの居る地点を中心に力が集まる国のようなものが生まれたと『海の帝国』で白石隆は言う。それらはラジャの力や人望で大きくなったり消滅したりすることはあっても、国境で区切られた領土というものは長い間成立しなかったという歴史をたどってきた。このような西欧的な近代国家観のない地域に侵入してきた欧米列強と東南アジアとの出会いと変化、そしてその結果としての現代東南アジアの地域秩序が語られていく。「点」を核にした「国」は領域ではなく求心力で消長する仕組みで、そこには固定的な領土もなく国民もいない。そういった「王たちの輪」の散在する地域が、欧米の侵入によって欧米風の国境と領土を持つ国に変化するという。

そんな十九世紀初頭に、イギリス東インド会社社員としてラッフルズがマレー地区に来たころから『海の帝国』の話が始まる。すでにポルトガルやスペイン、オランダがアジア海域まで進出していた時期だが、最初のころは地域住民の貿易に割り込む程度だったらしい。徐々に近代的火器の威力により、マラッカ、ペナン、バタビア（ジャカルタ）、マニラといった港市を占領し、拠点化していった。つまり、いま我々はこの地域にあった地域システムが破壊され、欧米型の統治・支配システムに置き換えられた姿を目撃しているのだ。マレーシアはほぼイコール英領マラヤ海峡植民地、インドネシアはオランダ東インド会社国家、フィリピンはスペイン領マニラのちのアメリカ領、を基に国家となったと知る。だからか、インドネシア語とマレー語はほとんど同じだし、もともと交易圏として一体だったスマトラとマレー半島がマラッカ海峡を挟んで別々の国になっている。また、フィリピン南部ミンダナオ島からスールー諸島を経て、現在はマレーシアのボルネオ島北東部が、言語、民族、宗教の一体性が高いのに海上にある国境で切り分けられている。そんなことに合点がいった。アフリカ各地の不自然な直線国境と同様な、欧米帝国主義のなせる業なのだ。

白石隆の鳥の目で俯瞰するような地域研究、この本の最後の章「旅人」に登場する鶴見良行の海岸やジャングルを厭わず現地を歩く蟻の目線、この双方を知って東南アジアを旅すると、思いが偏らずにいられる気がする。

ところで、本書では十九世紀にイギリスが持ち込んだ植民地統治を「複合社会」と呼ぶ。民族や言語によって分類されるいくつものコミュニティを、同じ土地に併存すれども交わらず、市場で出会う以外共通の社会意志も持たず、バラバラにしておくために、居住地を「ここはヨーロッパ人、その隣はアラブ人、ここは中国人、こっちはマレー人」などのように指定して、都市計画を推し進めるというのだ。しかもこのカテゴリーは科学的であるより当地植民者の都合でできていた。ラッフルズはマレーの専門家である。彼はマレー人についてこう書いているという。「東方諸島の部族は、習慣、習俗、宗教、言語において大いに異なり、文明水準も大いに違っている。しかしヨーロッパ人は長い間これらの人々をマレー人と呼んできたので便宜的にそう呼ぶ」と。もちろんここでいうマレー人は、現マレーシア国家の人々ではなく島嶼《とうしょ》東南アジアに広く分布していた人たちのことだ。だからマレー人に分類されていたはずのブギス人は、その交易量の多さからか、あっさりと独立の居住エリアが作られた。また、地域性の強さ、大きな方言差から中国人はちゃんと広東人、潮州人、福建人などに居住地が区分されていた。

あるとき、シンガポール地下鉄でハッとした。中心部のラッフルズプレイス駅の二つ先にブギス（Bugis・武吉士）という駅があったのだ。本書で取上げられていたラッフルズの民族別居住地地図にブギス人エリアがあって、少しズレてはいたがその辺りだった。ブギス人はマレー人のなかでも海洋交易の主力をなす人々で、当時シンガポールに入港する交易船の多数を占めていたという。現代に残る複合社会の痕跡。

空から眺める

鳥が上空からパノラマのように見た視点による地表の絵を鳥瞰図《ちょうかん》という。英語では「bird's-eye view」だ。それにしても飛行機や気球のない時代になんと多数の鳥瞰図が描かれたことか。ダ・ヴィンチもフィレンツェの鳥瞰図を描いている。人間の想像力は素晴らしいとしか言いようがない。このような絵図を見ていると、自分では空を飛べないのに、上空から眺める旅に出ていくような気分になる。

高いところに登って遠くを眺めた人間の経験が、想像力と組み合わさって鳥瞰図を作らせるのかもしれない。確かに私たちは、現代の地図に慣れてはいるが、地図のように真上から風景を見ることはほとんどあり得ない。

そんな鳥瞰図の歴史と発展をまとめた本があった。タイトルはズバリ『鳥瞰図！』だ。地図研究家で作家の本渡章による、図版の多いページを進めていくと、「あれっ、どこかで見た気がする」と思う絵にときどき出会う。平面の地図とは違って、作者によるデフォルメが行われ、直感的に分かりやすいため、観光案内図やイベントマップなどに多用されてきたからだろう。

まずは、大正から昭和にかけて活躍した鳥瞰図絵師吉田初三郎の作品が登場する。多種多様な鳥瞰図を描いた初三郎だが、京阪電車の路線案内が好評だったことが鳥瞰図絵師となっていく大きな契機だったとのこと。吉田は日本中の大小私鉄、ＪＲ（当時は省線、その後国鉄）の路線案内図を手がけるが、その最大の特徴は路線を赤く太く直線で図の横方向一杯に据えることだろう。太い赤線がドンと鎮座している。案内する路線を画面一杯に描くのはまあ当然として、初三郎の描画がすごいのは、強烈にデフォルメされた風景だ。鉄道沿線の観光地や施設は大きく、ときとして極端に大きく描かれる。本州のどこかにある数十キロの鉄道路線が図の左右一杯の幅を占めながら、その左右の先は背景として極端に後方に曲げられ、右後方は青森、札幌、樺太まで、左後方は下関、沖縄、上海、台湾（！）までが遠景として見える。まるでクロワッサンの太いところが路線図で、すうっと伸びる両端の先が、高空に昇った鳥が見るような遠隔の土地なのだ。この驚愕の画面構成力には圧倒される。

鳥瞰図は、鉄道路線案内にとどまらず、都市や観光地案内も続々生み出されていく。上空に舞い上がった鳥の自由を満喫して、見たいものを大きくしたり、鉄道や道路、運河を文様のように敷き詰めたり、そしてやはり後方には数百キロ、数千キロ離れた場所が連なっていく。圧倒的な質量を生み出した吉田初三郎だけではなく、その後も多くの絵師が商業的鳥瞰図を描いていく。

時代を遡ると、絵巻物や京の俯瞰図など街のなかに雲が細長くたなびく絵には、上空からの鳥瞰図が多くあることに気づく。江戸期の浮世絵に到ると、想像力の爆発と言えるほどユニークな構図の鳥瞰図が名所絵などに大量に生まれる。近江八景、洛中洛外図、江戸一覧図などを見ていると、風景画は遠近法だけがすべてではないなぁという感慨と、この国の絵画伝統の厚みを感じる。

初三郎風の強烈な鳥瞰図が戦後見られなくなったと思いきや、大阪万国博覧会の案内図として精細な鳥瞰図が現れる。平面地図も正確でいいけれど、鳥瞰図は直感的に分かりやすいとあらためて思う。昭和から平成に移るころ目にした、ニューヨークや新宿の高層ビルが林立する都市図も思い出した。非常に精細にビルを描いた絵図がいくつかあった。上空から四十五度くらいの角度で都市を見下ろし、窓や屋上の機器類まで一つひとつきちんと描かれていてとても好きだった。

いまやグーグルマップの航空写真画面で3Dボタンを押すと、あら不思議、鳥瞰図風の立体画像が現れる。けれど、どことなく感動に至らない。それに対して、ペンや絵具で描いた鳥瞰図には、描き手の主観と想像力が刷り込まれているから素晴らしく感じられるのかもしれない。幸い現代でも新しい鳥瞰図が生み出されている。ジェット機ほど高くなく、丘や山上か、それより少し高い位置からの、まさに鳥の目線が、自然に土地を見る感覚に近いから広く受入れられているのだろうか。

祈りとことば

私のことばは

昔、といってはぼんやりし過ぎかもしれない、一九八二年春の夕方に台湾東海岸の花蓮駅に私はいた。薄暮を過ぎ、暗くなり始めていた駅舎は小さくもきちんと造られた駅舎だった。そのころ花蓮には駅が二つあった。台北に繋がる北回り線の新しい駅と、昔からある線路幅の狭い東海岸を走る台東線の駅だ。私がいたのは旧駅の方で、記録によるとその数か月後に廃止となっている。その薄暗い駅舎のなかに若い男性がいた。やけに生真面目だった私は、旅ノートに中国語の挨拶ことばをいくつかメモしてあった。確か私はそのメモのなかから、「晩上好《ワンシャンハオ》（こんばんは）」か「你好《ニーハオ》（こんにちは）」を口にした。が、彼は何の反応もしない。妙な外国人があいまいな発音で話している、警戒されたのか無視されたのか、そんなところだろう。でも、この夕刻の刹那はその後もずうっと記憶の隅に引っかかっていた。

それから多くのところに旅を重ねた。ことばはというと、学校で習った英語を最大限使う、恥ずかしいくらいのサバイバルイングリッシュだが、観光旅行くらいなら何とか役には立つ。東アジア、東南アジアでは超大国アメリカの覇権が及んでいるところが多く、英語が割合通用する。日本もギリギリそのなかに入る感じだろうか。しかし、英語で何とかしているうちはいい。現地のことばを話そうと考えるときに落とし穴がある。現地のことばって、何だろう。外国の人が日本に来て現地のことばとして日本語を話そうとするのは、ほぼ問題がないだろう。日本人が旅先で何らかのことばを話そうとするとき、現地のことばを選ぶのは意外に難しい。ベルギーに着いたとき、何語を話すのが現地のことばなのか。ベルギー語という言語はない。ベルギーで主に使われる言語はフランス語かオランダ語なのだ。しかも一部地域にはドイツ語話者が多いところもある。だから、中途半端な「良識」から地元のことばを使うことは、場合によっては「地元のことばだけれど私のことばではない」という人と対面する、むしろ失礼となる可能性もある。

あの花蓮駅の出来事がそれかもしれないと気づいた。台湾地域にはもともとの先住民、対岸中国の福建系を中心とする華人、戦後に大陸各地から移ってきた華人など、多様な人々が住んでいる。先住民は島の東側と山岳地域に多いとされ、島嶼東南アジア言語に類することばを使うという。中国語ではないのだ。薄暗い駅構内でうかつにもカタカナ発音の中国語で挨拶した相手の母語は、福建語か客家語、はたまたマレーかポリネシア系のことばだったかもしれないのだ。

旅と関係なく以前から自宅の書架にあった『ことばと国家』（田中克彦）は何回も読んでいた。そしてあるとき、あの花蓮の記憶と接点ができた。そこでは国語、公用語、母語、文語と口語などを一般向けに検証していく。そして、単純に国とイコールに重なる言語はほとんどないということも明らかにされる。

日本語に関する部分をみても興味深い指摘が多い。国語という言葉は明治になって作られたことばだというし、母国語という概念の不明瞭さを強く訴える。母語は生まれて親から自然に身につく語だが、それと母国の言語が一致しない人はいくらでもいる。たとえば、国と母語に関しては、ドーデーの『月曜物語』にある小説『最後の授業』は、美談にみえて実はひどく偏った話なのだ。アルザス・ロレーヌ（これはフランス語。ドイツ語だとエルザス・ロートリンゲン）が舞台だが、そこは独仏間にあり、長年にわたり領有が両国の間を行き来した。ドイツ、フランスがはっきりとした国のかたまりになる遥か前のフランク王国のころから、つまり千数百年以上の間に支配者が独仏間で入れ替わってきた土地なのだ。十九世紀普仏戦争でフランスからプロイセンに領有が移ったときがこの小説の時代。物語では、今日が最後のフランス語の授業でアルメ先生が「フランス万歳」と黒板に書く。でも、住民である生徒の母語はエルザス語で、ドイツ語に近い。勉強しないと身につかないフランス語を子供に教えていたのだ。このあまりにフランス側に寄った姿勢は、これがパリで発行されていた新聞小説集だということで納得。

フィンランドの公用語はフィン（スオミ）語とスウェーデン語。これ以外にサーミ語やロシア語を母語とする人もいるという。北極圏を含む北方に住む先住民サーミ人に母国語は何かと問うと、フィン語かスウェーデン語になってしまうけれど、母語はと問えばサーミ語。そもそも母国語という用語は日本語に特有なようで、それが日本では母語と混用されている。ところで余談ながら、ムーミンが好きでフィン語を習った人がいる。勉強がとても進んだところで、原作者のトーベ・ヤンソンがフィンランド人ながらスウェーデン語話者で、ムーミン原作もスウェーデン語だったという笑えない話もある。ことばは国単位で考えない方がいいのだ。

国家の枠から爽やかに離れていたのが香港が好きな人たちの広東語。英領植民地香港の最後の時期は映画やポップスがとても元気だった。それで、香港ファンのなかには地元で話される広東語を勉強する人が結構いた。植民地であり、いまと違って大陸中国との交流も少なく、国の影を感じずに香港を都市としてだけ意識し、シンプルに香港は広東語となっていたことが背景にありそう。返還後どんどん大陸の影が濃くなっているので、植民地時代を知らない世代は香港のことを中国の一都市と考えてしまうケースも多いように思う。ちなみに、中国語方言とはいえ、口語では広東語と普通話（北京語を基にしたいわゆる中国語の標準語）とは通訳がいないとほぼ通じない。

中国語といえば、地図や文章で中国語の地名や人名にカタカナで普通話音をあてているのは疑問。ベイジン、コワンチョウ、ウーハン、ホワンハイ、マオ・ツォートンと畳みかけられて、北京、広州、武漢、黄海、毛沢東と分かるものだろうか。そもそもこのカタカナをそのまま発音しても、中国語としては多分通じない。これって、現地音を尊重しているようで形式主義に陥っている気がする。イギリス人に英語で話すときに、スペインのことを「エスパーニャ」と言うべきだというように等しい。英語話者はパリス（パリ）、フローレンス（フィレンツェ）と日常では言っているはずだし、中国人北京語話者は日本・東京のことをリィーペェン・トンジンと発音する。せっかく悠久の漢字文化圏にいるのだから、日本語世界では日本読みでよい気がする。ちなみに広州人は日常生活では広州のことをコワンチョウなんて言わず、広東語でゴンジャウと言っているはず。

旅先の文字

海外旅行初心者だったころ、香港や台湾で街の看板や標識を見るのが楽しかった。マカロニ＝通粉、タイプライター＝打字機、タイムズスクエア＝時代廣場、マイクロソフト＝微軟などなど、不思議に思ったりクスクス笑ったりしながら街歩きをした。

旅にはことばがつきもの。自動翻訳機が次々現れるけれど、少しでも話せたり読めたりすると旅の楽しさはぐんと高まる。英語ができたとしても、英語の通じないところはたくさんある。モロッコではフランス語の薄い会話本が役立った。指差し会話帳も便利だ。香港にはよく旅したので、現地で主流の広東語を東京の教室に通って少しできるようになり、漢字の旧字体も分かるようになった。ハングルは子音字と母音字の組合せなので、少し勉強すると会話はできなくても文字は読めるようになる。そういえば、香港で植民地時代初期の墓地を訪れたことがあった。その一角の門に、英語でパールシーと刻んだプレートがあった。パールシーとは、同じく英領だったインドから来た、ペルシャ系インド人のことだ。墓苑に入ると、墓石には見たこともない文字が刻んであった。あれは何語の文字だったのだろう。

さて、せっかく旅するのだから、旅先の文字が少しでも理解できたら楽しみも増す。理解できなくても、多様なデザインとして知っていてもいい。『図説　世界の文字とことば』(町田和彦)は世界のことばを四十五選び、文字の系統で整理したものだ。言語のタイプ別ではなく、文字でまとめるというのは珍しい。世界には数千もの言語があるようなのだが、文字の種類はとても少ない。似たラテン文字（ローマンアルファベット）を使っていても、英語とフィン（スオミ）語とベトナム語は全然違うことばだ。その全然違うことばを同じような文字を使って書くことができてしまうのだ。そうかと思うと、オスマン帝国時代までアラビア文字を使っていたトルコは、いまやラテン文字使用だし、韓国も漢字使用だったのに現代ではハングル一色。このように文字は他所から借りたりそれを基に調整したり、全部を取り替えたりして自分の言葉を書き表すために使うことが多いので、文字の種類は少ない。

この本ではその文字をわずか四系統に分けてしまうのだ。それは、ギリシャ文字(ギリシャ語、英語、タガログ語など)、アラム文字（アラビア語、ヘブライ語など)、ブラーフミー文字（ヒンディー語、チベット語、タイ語など)、そして漢字だ。いま、カッコ書きで言語名を書いたけれども、実はこれはあまり正確ではない。言語は文字を選び変更できるからだ。したがって、「現在のところ使っていることば」くらいに見てほしい。

ギリシャ語の文字(αβγδε)やロシア語のキリル文字(абвгд)が、英語やフランス語のラテン文字と同系統とは意外であった。ギリシャ文字は紀元前八世紀には使われ始めていたというから、そこから長い年月の間にいくつもの枝分かれが起こってきたのだろう。そして、ヨーロッパからはるか遠くの土地でラテン文字を使う言語があるのは、近代の帝国主義・植民地化とアジア側の近代化のなかでの選択も要因なのだ。多民族多言語地域であるインドネシアの言語は、オランダ統治時代の独立運動のなかで統一言語としてのインドネシア語が作られ、ラテン文字使用となる。漢字を使っていたベトナム語は、フランス植民地時代にラテン文字化もしくはその併用になっているし、モンゴル語はソビエト連邦の支援のもと独立、社会主義化した二十世紀にそれまでの縦書きウイグル式文字(ブラーフミー文字)からキリル文字に転換したという。植民地支配とは違うが、こうした文字の革命的転換はその民族が古典を読めなくなる原因にもなる。

アラビア文字やペルシャ文字はそれが全く読めなくても、見ているだけで優美さにうっとりする。アラビア文字に比してペルシャ文字はさらに繊細な曲線の美を感じさせられる。これらのアラブ、ペルシャ文字を使う地域に日本でいう書道やその達人が存在する。文字そのものの美しさに加えて、イスラム教が偶像を忌避するため、絵を描くことに禁止や制約があることで、文字芸術が発展した面があるらしい。ヨーロッパでも、イスラム支配の時期があったスペインではアルハンブラ宮殿やセビリアのアルカサルなどに非常に美しい文字装飾が見られる。

中近東からさらに東へ、インドに到るとブラーフミー文字の系統となる。文字上部が横方向の直線で左右連結した文に見える。インド亜大陸を南下するか、東南アジア地区に入っていくと、文字は丸みを帯びたものとなり、かわいい印象になってくる。タイ文字になると左右の連結はなくなり、一文字のなかに○印が付いた植物紋様のように見えてくる。

最後は漢字だ。表意文字である漢字は文字の数が多いことでも抜きんでている。正確に漢字の個数を確定することはできないのだろうが、一九八六年に中国で出版された『漢語大詞典』には約五万六千字が載っているという。実際には数千字を知っていれば日常生活に困らないのだろう。また、同じ漢字でも伝統的な繁体字（繁體字）と中華人民共和国成立後に導入された簡略化した簡体字（简体字）、さらには戦後日本で作られた新字体もある。つまり、二十世紀なかごろまでは漢字は一種類しかなかった。それをいま中国語では繁体字、日本語では旧字体と呼んでいる。繁体字は中国政権の影響が及ばぬ台湾や世界中の華僑世界などで使われているが、北京の影響が急激に強くなった香港でも依然使用されている。同じ漢字が三種類になってしまっては困る気もするのだが、今後どうなっていくのだろうか。日本新字体、繁体字、簡体字は、朝、思、林、湖など同一のものも多数あるが、中には差が非常に大きいものもある。例えば、「けいざい」を日本新字体・繁体字・簡体字の順で書くと、「経済・經濟・经济」となる。「ばいばい」は「売買・賣買・卖买」、「かんらく」は「歓楽・歡樂・欢乐」など。「よこはま」の「横浜・橫濱・横滨」のように、簡体字より日本新字体の方が簡略化の程度が高いものもある。

文字によることばの分類ではなく、ことばそのものと文化的背景や文字をも含めて解説したものに『世界のことば小事典』（柴田武・編）がある。小辞典といってもかなりのボリューム。百二十八の言語をそれぞれ四ページで説明する。発音や文法など言語としての特徴や、ことばの背景や文化情報の項が興味深く読める。ただ、文字に関しての説明は少なく、文字を待たない言語も載っている。中国語は広東語、上海語、福建語、北京語の四つに分けて掲載されている。

中国語は方言差が非常に大きく、この四語をはじめ主要方言間は口語では通訳がいないと通じないほどだ。英語も五項目に分かれている。英米語、インド英語、オーストラリア英語、シンガポール英語、フィリピン英語だ。こちらはそれぞれ四ページを割いてはいるが、英語のバリエーションとして扱われている。巻末付録も充実していて、国（地域）別使用言語一覧は三十八ページに及ぶ。フランスにはオック語、カタルーニャ語、バスク語、フランス語、ブルトン語の五語が挙げられている。残念ながら絶版になっているが、図書館や古書店で見つけることはできそう。

山地の林間を走ってきた山陰本線の列車を福知山で降りる。京都から一時間ちょっとだ。天橋立を目指すのならこのまま鉄道で宮津に向かうのが普通。でもこのときは、海から少し内陸の与謝野町加悦《かや》に寄りたかった。加悦と海に近い国鉄丹後山田（現京都丹後鉄道与謝野）を結んでいた加悦鉄道の保存車両を見るためだ。町村合併前の加悦町は丹後ちりめんの産地だった。いまでもちりめん街道として歴史的な建物の連なりが見られる。

駅前のバス停に現れた路線バスはガラガラ。地方はどこでもこんな感じ。福知山市街を抜け、国道一七六号線は徐々に登り道となる。そう、旧国名でいうと丹波の国から与謝峠を越えて丹後の国に向かうバスなのだ。初めてのルートはワクワクする。ふと、手許のガイドブックの地図を見ると峠の右側に大江山とある。あっ、ここがそうか。小式部内侍《こしきぶのないし》が歌った大江山と天橋立である。

大江山いく野の道の遠ければまだふみも見ず天の橋立（六〇番）

百人一首には不思議な力がある。普段は日常の些事に追われ、意識にもあがらないのだけれど、ふとしたきっかけで思い出す。学校で勉強するので、濃淡はあっても多くの人の知る和歌集、詩集だと思う。

バスはエンジン音を高めて峠を目指している。私はというと、車窓右上方を見つめる。どの峰が大江山なのだろうか。と、急に外が真っ暗に。峠はトンネルで越えるのだった。トンネルを抜けて下り坂に入るとエンジン音は軽やかになる。すでに丹後の国に入っている。緩やかに下る谷間の田園地帯で下車。加悦SL広場に到着し、お目当ての遥か北海道で使われていた客車改造ディーゼルカー、「キハ０８」を見ることができた。傷んではいるものの、丁寧に保存されて、丸く高い屋根の独特な姿を留めていた。その後、残念ながらこの施設は二〇二〇年春に閉園となってしまった。

百人一首はもとより旅の歌集ではない。百首のうち四十三首は恋歌だし、羇旅《きりょ》歌という旅の歌は四首だけだ。それでも恋歌、四季の歌の舞台が北は宮城、西は島根・隠岐の島に拡がる。ましてや京都や奈良から近畿地方は多数取り上げられている。小倉山、須磨、吉野、宇治、逢坂の関など歌にまつわる名所「歌枕」はたくさんある。そのような理屈っぽい説明はさておき、意識のどこかにある百人一首が旅を豊かにしてくれるように思うのだ。京都嵐山を散策しながら、小倉山の紅葉に散るのを待ってほしいと願った歌を思い出すのもいいし、奈良三笠山で見る月を安倍仲麿が帰国できず唐土で望んだ月に想いを馳せるのも一興かも。

さて、逆に百人一首から始めた旅がひとつだけある。

由良の門《と》を渡る船人梶《かぢ》を絶え行方も知らぬ恋の道かな（四六番）

キラキラと輝く由良川河口と海のイメージが脳裏に焼き付き、一度由良というところを訪れたいと思っていた。最初のうちは由良がどこにあるかも知らず、である。どうも由良には丹後の由良と紀伊の由良の二説があるようなのだが、なぜか私は丹後と思い込み、ある日一人で旅に出た。

由良の門を見るためだけの旅、そんなこともあるのだ。敦賀から若狭湾に沿って、小浜、舞鶴を経てまさに由良の門、由良川河口を列車が長い鉄橋で渡ると丹後由良。晩秋の遅い午後、砂浜には誰もいない。陽がかなり傾き、少し寒くなる。オフシーズンのためか、営業していない宿も多く、やっと一軒の料亭旅館に泊まれることになった。無計画な旅ではあったが、文字だけだった由良の河口と浜辺を実際に眺められたという、ただそれだけのかすかな満足感で幸せな旅の想い出となった。

私の百人一首の旅はなぜか二つとも丹後の国だった。

百人一首は高校の古文で習う人が多いのだろう。冬休みの宿題が百首暗唱だったり、カルタ会をしたりという想い出のある人もいるかもしれない。高校古文の副教材はコンパクトに一首ずつ文法、鑑賞、作者解説などがあって手許に残しておく価値ある本だ。新たに探すなら、小倉百人一首は何種類も出版されていて選び放題。副教材をずっと読んできた私にとっては、鑑賞に重きを置いている『百人一首（全）』（ビギナーズ・クラシックス 日本の古典）は新鮮だった。教科書と違って著者、谷知子の個性や考え方がストレートに出ていて楽しく読める。さらさら流れる文章が読みやすい。一首ごとだけでなく、百首全体の構成についてもハッとさせられる。第二首の持統天皇にある「春過ぎて夏来にけらし」は、春が過ぎて夏が来たらしいと何とも当然なことに十二音も使っているのだが、四季が順調に運行するのは天皇の徳政の表れ、と考えられていた当時の人にとっておめでたいことなのだそうだ。古文の授業では教わらなかったなぁ。

イタリアにて

高校生のころ先生から、ヨーロッパのことはキリスト教を知らないと分からないのだ、と教わった。美術館で絵を見るときも、王朝の興亡や戦争の歴史もだと。ふーんそうなのかな、と漠然と聞いていた。

そのキリスト教は四世紀にローマ帝国で国教となった。そしてローマ帝国が東西に分裂し、西ローマ帝国が五世紀に倒れ、西ヨーロッパはゲルマン人が支配する。こちらはフランク王国にまとまったりそれが分裂したりと、歴史の授業で習ったとおり。十一世紀にキリスト教会が東西分裂し、東の教会はコンスタンティノープル（現イスタンブール）を中心とする正教会、西はカトリックとしてローマ教皇を頂点とした組織となる。ヨーロッパ各地の王や諸侯は支配機構としてカトリック組織を利用したので、キリスト教もヨーロッパで勢力を拡大する。そうして中世では支配も信仰も一体のような社会ができた。

そのキリスト教と社会の関わりが大きく変わったのがルネサンスだ。重苦しい中世に少しずつ新しい光が差して、やがて大きく動き出す。現代の東洋に生きる者にとっては理解し難いのだけれど、古代ローマ帝国でキリスト教が受容されたのち、中世になるとローマ市内に残るギリシャ・ローマ時代の彫刻や建築は異教の物として、放置されるか石材として再利用されてしまうかだった。ああ、もったいない。ルネサンス期にキリスト教一色の価値観に隙間ができて、ギリシャ・ローマの知的蓄積が浮かび上がって現代までつながったという。

フィレンツェのウフィツィ美術館にあふれる、活き活きとした人間味豊かな絵や彫刻は、まさにこの時代が生んだ宝だ。それにしても十五世紀というのは天才が爆発的に次々と出現している。ブルネレスキ、ボッティチェリ、ダ・ヴィンチ、マキアヴェッリ、カルパッチョ、ミケランジェロ、ラファエロ、いくらでもいる。時代が大きくうねって変化するときとはこういうものなのか、それとも天才たちが時代を動かしたのだろうか。

何度かヨーロッパ歴史見物のような旅をしてきた。そして、高校の先生の言いつけに従ったわけではないのだが、何となく読み始め、何度も読んでいるのが『ルネサンスとは何であったのか』(塩野七生)だ。ここで、キリスト教に覆われたヨーロッパ社会を変えていったルネサンスを追っていく。塩野七生はルネサンスの始まりに、なんと十三世紀に生きた聖フランチェスコと神聖ローマ帝国皇帝フリードリッヒ二世を置く。教科書的にはルネサンスの先がけとしてダンテやボッカチオが出てくるが、この二人はそれよりもさらに前なのだ。ここが塩野七生のイタリア史への慧眼。聖職者と皇帝という、一見ルネサンスと関係なさそうな人物を最初に置くのだ。それは豊かなルネサンスが花咲くための土壌の準備だと。

富を集め贅沢三昧、強固な組織にこってりと固まるキリスト教カトリックの中世。教皇も枢《すう》機卿《ききょう》も欲と俗の塊。貴族の次三男の優雅な「就職先」でもある。そこに清貧を貫き、ラテン語ではなく俗語であるイタリア語で一般の人々に説教する異質な坊主、アッシジのフランチェスコが現れる。当時のキリスト教会へのアンチテーゼのような清貧な人々を、修道会として認めてしまうローマ教皇がいたというのは歴史の不思議。キリスト教支配体制の幅を広げて、そのなかに清貧な聖職者もいるという見え方を社会のなかに置き、権威と利権の塊でしかない教会とは別のキリスト教もあることを人々の目に示した、ということなのだろうか。塩野七生はそう書く。教皇の意図に係わらず、フランチェスコ会は存在し続けた。ルターの宗教改革までまだ三百年、チェコ（ボヘミア）のヤン・フスが教会の世俗化を批判して結局火刑になるまで二百年あるのだ。聖フランチェスコは、そんな時代に現れた「改革者」だ。

清貧の聖職者と同時代を生きた皇帝がフリードリッヒ二世。この人は多くの皇帝がアルプスの北に住んだことに反して、イタリア半島南西に浮かぶシチリア島に居住した期間が長い。イタリア語ではフェデリーコ二世。そして、十字軍、皇帝と教皇、シチリア王国などの文脈で多く語られる。ラテン語、イタリア語、アラビア語、ドイツ語、ギリシャ語に通じていたというし、王宮にイスラム教徒官僚も擁していた。しぶしぶ出かけた十字軍では、一戦も交えず交渉でエルサレムを奪還してしまった。ところがそこが中世、イスラム教徒を一人も殺さず帰ってきた咎で教皇から破門されてしまう。うん、たしかにルネサンス人なのかもしれない。

キリスト教以前の古代の巨大石造建造物が多数残るローマは、市内いたるところに世界遺産が散らばっている感じだ。キリスト教カトリックの総本山、バチカンは市内西部のテベレ川の向こう側。ここバチカンは教会というより、バチカン美術館として、善男善女というより、老若男女の観光客がひしめいている。そして、ここはローマにあって、イタリア国家主権が及ばぬ、バチカンという国。歴史教科書にも載る、教皇領なる広大な領地が解消し始めるのはなんと十九世紀になってからだ。そしてバチカンとイタリア共和国との折り合いをつけたのがファシスト、ムッソリーニ。二十世紀前半のことだ。独裁者でもなければカトリックと調整もできなかったのかもしれない。
　バチカンのサンピエトロ教会の敷地を出て、東のテベレ川に面した円形城砦がサンタンジェロ城。ここはバチカン領土ではなくローマ市だが、バチカンと地下でつながっているという噂もある。現代では観光客であふれるが、皇帝と教皇が何かと争っていた中世に、ハプスブルク家の神聖ローマ皇帝カール五世の軍が北のドイツからローマに押し寄せたときには、教皇がこの城に逃げ込んだ。双方カトリックなのに、ドイツの軍団には傭兵やルター派のプロテスタントも多く、のちに「ローマ劫掠《ごうりゃく》」と言われる大殺戮、大破壊が起こった。こうしてローマを歩いて世界遺産を眺めていても、ヨーロッパでのキリスト教の不可思議な歴史を感じることができる。

　ローマから特急フレッチャロッサで約一時間半、中世の香り漂うフィレンツェへ。石造の中低層の建物が連なる市街で、ひときわ高い花の聖母教会（サンタ・マリア・デル・フィオーレ大聖堂）の尖ったドームを見上げる。そのとき、千年の中世を飛び越えてローマ時代の工法に触発されたブルネレスキの設計に想いを馳せるのも一興だろう。

ヨーロッパはキリスト教を知らないと分からない。そしてそのキリスト教体制を大きく変化させたルネサンスが、ギリシャ・ローマを現代まで連結したと知ることは、ヨーロッパ理解の一部になるのだと感じる。

ホアンとジョアン

バルセロナの大通り、ランブラス通りの売店でバルセロナの写真ガイドを買う。ホテルに戻ってページを開いた妻が「あれ、イタリア語版を買っちゃったかな」と言う。文章がスペイン語ではない。当時、私たちはスペインではみんなスペイン語を話すと素朴に思い込んでいた。その写真集はカタルーニャ語版だったのだ。表紙には黄色地に赤線四本のカタルーニャの旗がデザインされていた。カタルーニャの人々が話していることばはカタルーニャ語で、それはスペイン語の方言ではなくて、ラテン語から枝分かれした、スペイン語やイタリア語、フランス語と同じような姉妹語の位置にある。では、カタルーニャってどこだろう。バルセロナのあるところだから、国ではなさそうだけれど、ある程度まとまったエリアだろう。現在のカタルーニャはスペイン王国の州で、州都はバルセロナ。ちなみにカタロニアと言うこともあるけれど、それは英語。カタルーニャを知ることは、なんでも「国」の単位で考え、割り切ることの無理を知ることになり、とても健全な意識を保てることでもある。

スペインの旅から帰ってしばらくして手にしたのが『物語 カタルーニャの歴史 知られざる地中海帝国の興亡』（田澤耕）だ。中公新書の物語歴史シリーズは、斬新でユニークな切り口の歴史書だが、この本はその特徴が際立っている。カタルーニャ愛がみなぎっているのだ。「（三十年戦争のときに）巧みに国際情勢を利用したポルトガルは独立を勝ち取るが、カタルーニャはしくじった」などなど。一読後はカタルーニャ贔屓になってしまいそうだ。ピレネー山脈の南北、いまのフランスとスペインにまたがるエリアがこの地方の起源。レコンキスタが始まったころの八世紀末に、イベリア半島イスラム教世界との最前線にフランク王国のスペイン辺境領が置かれ、そこからナバラ、アラゴン、バルセロナ伯領（のちのカタルーニャの基）、アンドラなどが分かれたようだ。が、本書はカタルーニャ一本鎗。カタルーニャは十二世紀に、内陸側の隣にあるアラゴン王国と連合王国になる。そのため、日本の教科書や多くの書籍などでは、一時期支配権の及んだシチリアや南イタリア、サルデーニャなど地中海の領土も「アラゴン王国」とされてしまったりする。アラゴンは内陸国、地中海に出ていくのはカタルーニャ勢！　本書でカタルーニャ贔屓になった私も、ああ悔しいという感じである。アラゴンとカタルーニャは対等な連合だったのに。というように、本書の記述はカタルーニャ愛で突き進むが、田澤耕も若き日に銀行の国際担当としてスペイン語留学に降り立ったバルセロナで、スペイン語ならぬ言語を人々が話していることに気づく。

中世のカタルーニャは地中海にも領土を持つ、かなり強大な国であったし、地中海に面していることもあって西欧との結びつきも長い。内陸スペインとはかなり雰囲気も気質も異なって、現代に連なるようだ。商工業が発達し、市民階級が王と拮抗して十二世紀には議会が成立し、王の課税や戦争に対する制約にもなっていたという。この王の専制を抑えるほどの市民階級の発達は、アラゴンのみならずカスティーリャ（いまのスペインの核となった内陸国）の気質とは相容れない異質な、西欧の香りのするものだったらしい。

英雄ジャウマ一世の十三世紀、カタルーニャ・アラゴン連合王国は、絶頂期を迎える。つまり、シチリアを獲得し、数百年前にイベリア半島を征服したイスラム勢力をキリスト教勢力がレコンキスタと称して押し返して、南はバレンシアまで領土を拡げた。しかし、栄あれば衰退あり。十五世紀後半に連合王国の王であったファラン二世が、コロンブスを送り出したことで有名なカスティーリャ女王イザベルと王と王の豪華結婚をする。このことで、カスティーリャとアラゴンはあたかも一つの国のようになり、事実我々の世界史の教科書にも載り、のちのスペインになっていく。

でもまだこの時代のイベリア半島はいくつもの国に分かれていた。ファラン二世はカタルーニャ・アラゴン連合王国の王ではあっても、イザベルとの結婚は、あくまでもアラゴン王としてだけだったので、カタルーニャの方はどんどん影が薄くなる。この話にピンとこない人もいるかもしれない。特に高校世界史をしっかり勉強した人の記憶には、イザベルと結婚したのはフェルナンドだったはず。でもこれはカスティーリャ語（スペイン語）で、ファランはカタルーニャ語なのだ。時代は下がって十八世紀、スペイン継承戦争の結果、ブルボン・スペイン王朝が成立すると、それまでの自治的権利をさらに失い、カタルーニャの地位はただの一地方となっていく。

一九三〇年代の第二共和政後半の人民戦線政権時での、フランコ将軍の反乱に端を発するスペイン内戦では、カタルーニャは共和国政府側に立つ。ジョージ・オーウェルの『カタロニア讃歌』でもバルセロナから戦線に赴く国際旅団、義勇軍を描いている。脱線だが、カタロニア讃歌を読んでいると、左翼共和国側は戦時にあるにも関わらず、実務を欠き理念を振回し、内ゲバ傾向ばかり強くて、これでは内戦に勝てるはずないとしか思えない。左翼の業を感じる。内戦はファシスト反乱軍フランコの勝利に終わり、カタルーニャは悪夢の時期を迎える。カタルーニャ語は公の場で使用禁止となり、カタルーニャ文化・芸能は禁止、カタルーニャ語での出版も禁止となる。これが独裁者フランコの死去する一九七五年まで四十年近く続いた。いまではカタルーニャ語も使える世になり、なんと二〇一七年には独立を問う住民投票が行われ、独立票が圧倒的多数を占めるまでになった。むろんスペイン中央政府はこれを認めてはいない。そのときもスペイン警察が投票阻止までおこなった。かくして、カタルーニャはスペイン「圧政」の歴史を忘れられないように思える。

ところで、二十世紀の画家ジョアン・ミロはスペイン語ではホアン・ミロとなる。長くカタルーニャ語禁止時代を生きたミロは、自分のことをカタルーニャ語でジョアン・ミロと呼んでほしいと言っていたらしい。建築家ガウディもカタルーニャ出身。アントニオ・ガウディはスペイン語読みで、カタルーニャ語ではアントニ・ガウディ。人はよく母国語と言うけれど、これは危険。ミロの母国語はスペイン語だけれど、母語はカタルーニャ語。ひとつの国にひとつのことばが対応することが、圧倒的な少数派であると知ることも、旅と読書の良さかもしれない。

聖地参詣

紀伊の国、熊野にはいつか行ってみたいと思っていた。そこは神代の神武東征のときに熊野からヤマトに神武天皇を導いたという八咫烏《やたがらす》の伝説があり、平安後期には法皇、上皇や貴族が何度も参詣し、鎌倉時代以降に武士や庶民も加わってくる、聖地熊野だ。以来、盛衰はあっても現代まで参詣路をたどる人が脈々と続く。和歌山県紀伊半島南部の森林に覆われた山中にある熊野なので、現代でも時間がかかる。近畿各地からでも、飛行機で南紀白浜空港まで飛べる東京からでも、旅には三日はほしい。

熊野への道は古代から幾本か通っていて、現代でも聖地参詣の道であり、観光の道でもある。白浜空港からのルートは中辺路《なかへち》と呼ばれる道で、古代より京の都からの主要ルートでもあったところ。いまは整備された国道が走っているが、まさに古道といえる歩行者用の山道が並行している。空港からのバスで隣に座っていた若者は四国から来た旅人。話をしていると、四国では日常生活にお遍路さんと出会う光景がよくあるということが伝わってくる。彼は途中の滝尻で降車して、ここから古道で熊野本宮や海辺の新宮を目指すという。一泊か二泊の行程だろう。滝尻は熊野の聖域入口に当たるようだ。川沿いの国道は谷間を徐々に狭め、両側は緑一色になってくる。

熊野は知らないことばかりだった。そこで、旅の前に『熊野古道』を読んだ。何度も熊野参詣路を歩く研究者、小山靖憲による、古道の経路、歴史、習俗をまとめたコンパクトな本は、旅の前にとてもよかった。

熊野への参詣路は、京都から摂津《せっつ》、和泉《いずみ》、紀伊、いまの大阪府から和歌山県へ南西に進むJR阪和線・紀勢本線に重なり、西側から廻り込む紀伊路と、伊勢神宮を起点として、東側から三重県紀伊半島東部をほぼJR紀勢本線に沿って南下する伊勢路とがある。さらに紀伊路は三ルートに分かれる。田辺・白浜から東に向かって山間に入り、熊野本宮に向かう中辺路、田辺からさらにJRに沿って紀伊半島を南下し、海辺の那智、新宮に到る大辺路《おおへち》。この二ルートが海廻りで、和歌山県北部山地の高野山から山中を南下して、本宮に向かう小辺路《こへち》が三つ目だ。これらとは別に、吉野から山岳を踏破する、大峯奥駈《おおみねおくがけ》という主に山伏や僧の修験・修行の道がある。こちらは貴族や庶民の参詣ルートとは異なり、かなり厳しい山路なので修行者専用の感がある。平安時代の行尊大僧正が、大峰で修行中、ひとり桜に呼びかけた歌が百人一首に採録されている。

中世に熊野参詣者が貴族から地方の武士層に拡がると、彼らが領地の庶民層を伴うことで階層も出発地も拡大していったという。「蟻の熊野参り」という、大勢が集まり連なって行動することを表す語が安土桃山時代には使われるようになってくる。そして、団体旅行のように大衆化することで、熊野参りの仕組みが整う。信徒で熊野に参詣する人々を指す檀那《だんな》、集客し旅と参詣の作法を指導するガイド的な先達《せんだつ》、祈祷をしたり、到着地熊野の宿坊を経営し宿泊を提供したりする御師《おし》という役割が定まってくる。檀那、先達、御師が定着し、変化するなかで、御師が受持つ檀那群が縄張りとして利権化する。さらにはその権利が売買されるようにさえなっていったという。中世から近世社会にかけて武士や庶民層の経済活動や移動が活発化していく、社会のダイナミズムを感じる。そういえば、昭和末期に高野山で似たような体験をした。南海電車とバスで山上の高野山の入口に着いた私は、案内所で東京の住所を問われた。そこにあった古い帳簿のような冊子のなかに自宅住所の旧郡名（すでにそのころ私の住所は市になっていた）を見つけた。すると、「あなたはこの宿坊ですよ」というように自動的に当日泊まる宿が示されたのだ。こういうシステムが日本各地にあったのかもしれない。

熊野参りが他の山岳信仰地と異なる特筆すべき特徴は、「浄不浄を嫌わず」といって女人禁制もなく、男女、身分の上下、障害の有無などに関わりなく参詣できたことだそうだ。ということは、逆にいろいろな制限が各地にあったということか。そして熊野では病気や障害の快復伝説や説話が生まれ、沿道住民や有力者が参詣者を援助する気風が育ってきたらしい。

熊野古道を歩くと嫌でも目に付くのが窪津王子、近露王子、発心門王子などと、「王子」と呼ばれるここ特有の存在だ。実際に見てみると祠や小さな神社のような印象で、それが大阪からの紀伊路・中辺路には数十箇所も連なっている。参詣の道筋を明らかにする道標のような機能もあったのかもしれない。その由来は一概には決まらぬものらしいが、院政期の熊野詣では、お経や芸能、和歌会を奉納したりする聖域のようなところだったという。長い熊野参詣路に多数連なる小さな王子は、道のりの単調さを和らげ、区切りとなる良さもありそうだ。王子での奉納は往路だけで、そのため熊野参りは往復でかなり所要日数が違う。現地では、不思議とか珍しいなどと感じても、このような深掘りはなかなかできない。旅の読書のよいところだ。

古道を歩いていて道標にホタテ貝のマークがあることに気づいた。そのときふわっとスペインのことを思い起こした。そう、スペイン北西端ガリシア地方の巡礼地、サンティアゴ・デ・コンポステーラを目指す巡礼路のシンボルがホタテ貝だったはず。こちらも以前からずっと行ってみたかったところ。だから記憶の奥底にホタテ貝が眠っていたのかもしれない。でも、なぜホタテ貝マークが熊野古道に？

答えは熊野の旅のあとに読んだ『熊野古道巡礼の旅　よみがえりの聖地へ！』（髙森玲子）にあった。なんと熊野古道とサンティアゴ・デ・コンポステーラ巡礼路は姉妹道だったのだ。二つの巡礼道はともにユネスコ登録の道の世界遺産で、その縁で姉妹道となり、共通巡礼という仕組みまでできていた。そのルールに則って共通巡礼を達成すると証明書が発行される。

サンティアゴ・デ・コンポステーラは聖ヤコブが祀られる、ローマ、エルサレムと並ぶキリスト教三大聖地のひとつ。巡礼道は熊野古道と同じくいくつかある。有名で巡礼道の代表のように扱われるのはフランスからピレネー山脈を越える道で、熊野の中辺路のようだ。共通巡礼達成者が受取るピンバッジには八咫烏とホタテ貝のマークがついている。

ある寒い日、京都東寺の講堂にいた。わずかな朱と金を除くと茶色濃淡のモノトーンに近い空間には、多くの仏像が弘法大師空海の手による配列で立体曼荼羅となっている。板戸の隙間から外を見ると、雪が舞いはじめた。外は白と灰色、内は濃淡の茶色。鮮烈な印象が記憶に残った。

東寺は八世紀末の平安遷都と同時に建立された国立寺院。それまでの首都、奈良平城京にも東大寺をはじめ官寺がいくつもあった。平安時代の院政期には天皇から上皇となり、さらに出家して法皇となるケースも見られた。実質はともかく、仏教僧が権力の頂点にあるときが結構あった。飛鳥時代の聖徳太子のころに仏教がかなり広がり、その後、鑑真が来日して戒律を伝え、最澄が天台教学を、空海が密教を広める。鎌倉期以降は主に比叡山から禅、浄土、法華などの宗派が続々誕生する。

仏教もいろいろあって難しい。禅宗と浄土宗・浄土真宗と真言宗では仏事も寺院も仏壇の様式もかなり異なる。日蓮は鶴岡八幡宮の前で礼をしたというが、その日蓮は、同時に多くの他宗派をまやかしだと退けた。いまでも日本中に寺があり、葬式を仏式で行う人が依然多く、旅行で京都や奈良の寺に詣でる人も多い。それでも仏教ってよく分からない。いいのかそんなことで、とも思う。飛鳥のころから千数百年にわたり、延々とこの国の歴史のなかで、あるときは濃厚に、あるときは淡く、人々とともにあった仏教を、難しいの一言で片づけてしまうのはあまりに乱暴でもったいない。長い年月の間、この列島の多くの人の心のよりどころであった教えを少しだけでも知りたい。ヨーロッパはキリスト教を知らないと分からない、と言われることがある。日本は仏教を知らないと分からない、と言っていいかもしれない。悠久の歴史の積み重ねがいまの文化・風俗や常識を形作っているのだ。

ところで、仏像の掌に小さな薬壺があれば薬師如来、手指が作る印で仏のタイプが分かるなど、表面的な知識は雑学にはなっても、仏の教えや救いに近づくのにはあまり関係がない気がする。美術としてのアプローチも、仏教の思想という観点からは、知らないよりは知っていた方がいいかもしれない程度のことだと思う。

哲学者、梅原猛はインドから東に西域、中国を経て日本へ伝わった仏教と日本で発達した仏教を語ってくれる。語る、と書いたのは梅原猛が自分のことばにして説明してくれるから。明治以来の日本人研究者にみられるような、西洋のことを学んで翻訳して伝える学問ではなく、自分の思想として語る。そのためもあって梅原の方法論と学問に否定的な人もいる。

『仏教の思想』は梅原が編者の一人であった十二冊の同名の叢書から、梅原の部分だけをまとめた上下二冊となっている。これは編著者たちが多くの仏教学者に質問をしながら仏教の勉強をするという、大学のゼミのような方式で進めた贅沢なつくりだ。もちろん、興味があれば十二冊の方を読むのも手。

『仏教の思想』という書名がこの本の姿勢を示している。仏教の教化・布教ではなく、その精神や思想を学者が解読していく、そういうものなのだ。だから自分の宗旨はひとまず関係ない。仏教は遥か遠くインドの暑い風土で生まれ、西域、中国で翻訳、意訳、改訳、誤訳された。中国の王朝に庇護され、西域から伝わった仏典を翻訳した高僧が、同時に皇帝からあてがわれた美女に囲まれていたという話も伝わる。日本に到達した多様な仏教が宗派として教団になっていったり、同じ仏教でもかなり考え方が違うのを知ることができる。ヨーロッパに旅するときにある程度キリスト教の歴史や変化の知識があると旅が豊かになる。それと同じく日本を歩くときには、仏教が歴史的に変化していくつもの宗派に分かれたことや、その思想を知っていた方が旅は豊かになるし、自分の生きている国の文化や言語の背景とつながってくるかもしれない。学者が思想として教えてくれているのだ。

仏教は深く深く日本の暮らしやことばや文化に組み込まれていて、そのことすら気づかずに暮らしていることも多い。しかも長い年月のなかで、日本の神々は仏が姿を変えて現れたなどと解釈する本地垂迹説《ほんじすいじゃく》なども広がり、事実いまでも寺と神社双方を崇拝する人はたくさんいる。しかし、それに対して仏教を外来のものとして排斥する、日本の土地固有の神を大切にしなければならないという主張があるかもしれない。明治初期にそんな思想が出てきて、何百年も続いた寺と神社を分離する神仏分離令となった。それが仏事や仏像の破壊にいたる廃仏毀釈までエスカレートしてしまった。明治初めのこの動きの社会的、政治的メカニズムは複雑だが、時間をかけて育まれた信仰や文化を理念や観念で一気に変更しない方がいい。幸い明治中ごろには仏寺仏像の毀損も落ち着き、フェノロサや岡倉天心の努力で、美術品の保護という名目ではあるが、保護保存に向かう。この国ではいかなる外来のものでも土地の神々が微笑みながら消化してしまうと、芥川龍之介も書いていたではないか。『仏教の思想』を読みながら、芥川の『神神の微笑』を思い出していた。

仏教といっても、いろいろあって難しい。ナムアミダブツと念仏を唱えるだけで西方浄土に行けるという教えが、お金も知識もない庶民を救ったから一番信者が多いのだろうか。禅ではほとんど自分の心のなかに仏も悟りもすべてがあるというし。密教はサンスクリット語由来の呪文を唱えたり、火を焚く儀式があって興味深いが、ますます分からなくなる。現代でも山伏が修行しているが、あれは仏教なのだろうか。そして、五十六億七千万年後に人々を救うという弥勒を信じていいのか。あふれるばかりの仏説はそれぞれ矛盾すらしているではないか。もちろん、この本にそんな問いへの答えはない。それでも、なにも知らずに大寺院に行ってお賽銭を出すだけよりも、この不思議さを知っているだけでもいいかなと微かに思う。お寺にお参りをするとき、仏教の思想を少し知っていると、旅はちょっぴり豊かになるように思う。

旅の具

遣唐使船に乗った安倍仲麻呂は唐に渡ったとき、パスポートを携えてはいなかったろう。唐の都長安には日本や東南アジア各地のみならず、遠く西域各地やペルシャ、インド、北方の草原地帯からも人々が来ていたという。七世紀に国や身分を示す文書の国際的取決めは、多分なかった。では、私たちが海外旅行のときに当たりまえのこととして携行する旅券、パスポートはいつごろからどのようにしてできあがったのだろうか。

結論を先に言ってしまうと、現代に連なるパスポートは、せいぜい二百年くらいの歴史しかないらしい。そもそも、王侯貴族や一握りの遠隔地貿易商人を除けば「国際的」旅行をする人はとても少なかったはずだ。ゲルマン人の民族大移動やチンギス・カンの遠征にパスポートを使うはずがない。出入国管理のときだけ取り出す小さな冊子についてぼんやり考えていたら、『パスポートの発明』（ジョン・C・トーピー）という魅力的な書名の本に出会った。

どうもパスポートや査証（ビザ）らしきものが広まるのはフランス革命（一七八九年〜）の影響が大きいらしい。王や貴族の反革命分子を国外逃亡させないため、国境管理が厳しくなり、パスポートのような身分証が必要になる。また、革命までの軍隊は貴族か傭兵だったが、革命軍は市民兵だ。そのため兵員となる住民を徴募・徴発する目的から住民リストを教会から国家機構へ移す必要が出てきた。こうした背景があって、パスポートと住民登録がセットになって国家管理に向かう。

このことからもう一つの条件が必要になることが分かる。それは「国」が存在することだ。フランスは早くから王国として一つの塊になっていて、それはイギリスもそうだが、周辺のイタリアやドイツ地域は領邦や都市がばらばらにたくさんあるばかり。イタリア王国成立が一八六一年。フランス革命の七十年も後だ。それ以前にはイタリア半島はあってもイタリアという国はなかった。国民国家的な国や国民は存在しないのだ。そもそも国がなければ国民の登録も国境管理もしにくい。これが十九世紀までの状況。

そのころの欧米には豊かな先進国と貧しい地域や国の差があって、これが出稼ぎや移民の原因となっていた。制度が未整備なため、到着国側がパスポートを発給するという、受入国が事前または現場で入国を許可する、まるでビザのようなものもあったという。さらにアメリカ大陸が、移民たちの目的地のひとつになってくる。船ではるばる大西洋を渡っても、現地側の事情で入国できない事態もあったらしく、こうしたこともパスポートやビザの発生要因となる。パスポートは現代的な意味での楽しい旅行というより、出稼ぎ、移民、難民と境界管理のために発展してきたものだ。そのためか、ヨーロッパ内で移動する富裕な市民の間では、パスポートを必要悪、あるいは不要だという言説も多かった。

その一方で、国境管理が整ってきた十九世紀に、覇権国家大英帝国では、世界各地の英領植民地、保護領などの住人は帝国内を自由往来できたという。あたかも国境がないかのように、だ。『イギリス帝国の歴史 アジアから考える』(秋田茂)によると、たとえば英領だったインドの商人や労働者は、英領香港、マレー(海峡植民地)に商用旅行や出稼ぎも移民もできた。東アフリカ・タンザニア沖のイギリス保護領だったザンジバル島生まれで、インド系のフレディ・マーキュリーが青年期に家族とイギリスに移り、のちにクイーンを結成するのは、この帝国内移動の自由のおかげもあったかもしれない。一九九七年に香港の宗主国がイギリスから中国に移った後に、香港市民は香港政府発行の新しいパスポートを取得できた。以前からの英国海外市民パスポート（BNO）も有効で、その双方を持つ人もいた。すでに大英帝国は落日、帝国内自由往来も強く制限されていた。しかし、二〇一四年の政治改革後退を批判する市民たちによる、中心市街地の大通りを占拠する雨傘運動が起こる。その後、一九年の「逃亡者条例」、二〇年の「香港国家安全法制定」と続き、北京の姿勢は香港市民に極めて強圧的になっていく。それに対して、英国政府によりBNO所持の香港人に英国本土居住への道が開かれた。これは、現代でもパスポートが移民の可否を分ける命綱だという事実を示している。

現代の豊かな国に生まれ育った者には、きれいなカバーに入れて空港で使う手帳のようなものでしかないパスポート。緊張するのは入国管理官の前で「何日間滞在するの？」という英語を聞き取ろうとするときぐらいだ。しかし、時間と空間を拡張してみると、そのありようはかなり違って見えてくる。現代であっても、どの国発行のパスポートを持っているかで人の運命が変わってしまうという事態は、世界中で見られることに気づく。外国の介入や愚かな為政者の下での戦乱、内乱、腐敗、狂信的勢力から逃れようとする難民の前に立ちはだかる境界、塀、柵、鉄条網、地雷、そしてパスポート。

そんな国境・境界について掘り下げたのが『入門 国境学』（岩下明裕）だ。国の境だけでなく、多種多様な境界の歴史やありようを取り上げる。エルサレム、イスラエルとパレスチナ。アメリカの厳しいメキシコと緩やかなカナダの国境。バルカンの複雑な境界。そして日露間の海と陸の境界。同じ境界がどちらの側から眺めるかでその重さ、厳しさが違うこと。とりわけ、陸続きの境界の厳しさ、辛さがひしひしと伝わってくる。

ところで、二十世紀に正統的正義となった民族自決、国民国家の究極は、隙間なく並ぶ国と無限に細分化できる民族単位の息苦しい異様な世界かもしれない。遣唐使船に乗った安倍仲麻呂は唐帝国で民族・国籍に関わりなく高官になっていた。オスマン帝国でもスルタンはトルコ人だが、親衛隊はキリスト教徒出身だったし、高官には多様な民族の出身者がいた。帝国というものは、民族などという曖昧な区分を超えた存在だったのかもしれない。

ワクワクする旅の準備のときに、忘れないように荷物リストのトップに書くパスポートは、もともとは移民、難民、逃亡、徴兵などと国家管理が結びついて発展してきた制度だった。ここ二百年ちょっとで世界の覇権を握った欧米が作り上げてきたシステムが、全世界に統一的に拡大した結果を現代の我々が目撃している、そういうことなのだろう。

高校の地図帳

誰もが記憶にあるだろう、中学や高校で教材として使った地図帳。私の手許には自分のものと子供のものが残っていて、普段は子供が使っていた新しい方の高校地図帳をリビングルームに置いている。なぜリビングルームかというと、テレビの旅番組やクイズ番組を見ながら、その場所を確かめたりするのにとても便利で楽しいから。教材なので厚過ぎず薄過ぎずがちょうどいい。出版社やタイトルもいろいろあり、とくにこれでなければならない、ということもない。手許にあればいいのだ。

テレビを見ていてランダムに登場する地名をすべて知るわけもなく、番組はどんどん進行してしまう。テレビ画面が次々と変わっていっても、手許の地図帳で追いかけながら場の雰囲気の想像が広がる。それに、地図で見るとその場所が平らなのか、山や谷間なのか、海辺なのかも一目瞭然。高校教材とはいえ、小さな町村などが意外にきちんと記載されている。

古代律令制以来の令制国、いわゆる旧国名と国境も地図帳に記載されている。令制国は古代から明治初期まで地理区画として使われてきたが、現在の都道府県とは一致しない箇所も多い。例えば、島根県は出雲と石見国《いわみのくに》が合わさってひとつの県だし、愛知県は三河と尾張。しかも、地域性や味覚、お国自慢など、意外にこの国の違いがいまでも生きているのだ。また国名に前後や上下の字がある場合は、前や上が奈良・京都の都に近い。備前（岡山県東部）、備中（岡山県西部）、備後（広島県東部）のようにだ。千葉県は南から安房、上総、下総の国の順。古代・中世では西からの交通が、東京湾を渡り、房総に連なることがメインだったのかもしれない。

子供が使った地図帳のメリットのひとつは、自分の世代の常識がリセットされていること。私の地図帳にはソビエト連邦やユーゴスラビアなんていう場所がある。いまの子たちはそんな国名を教わらないのだ。あっ、地理ではであって、歴史では学んでいるはずだが。だから、旅番組で「モルドバ共和国」と聞いても、どこのことだかピンとこないし、ドブロブニク旧市街が世界遺産と知っていても、クロアチア共和国のどこかという感覚がない。それに国や境界が変わっていなくても、ボンベイはムンバイというように植民地勢力の英語から、現地音表記に変化していることがある。

ちなみに我が家では、この地名の現地音表記への変化に気づくたびに、「まさかのムンバイ、振り向けばバナラシ（植民地時代はベナレス）」として使っている。これは、漫画からテレビドラマ化された『重版出来！《じゅうはんしゅったい》』でのギャグ、「まさかのムンバイ、振り向けばガンジス」が元。人気低迷で打ち切りになりそうな、劇中の連載漫画『黄昏ボンベイ』を巡り、現代では現地音のムンバイになっているけれど、そこはボンベイでもいいじゃない、という話題の変化球。あっ、蛇足でした。

ところで、あるとき書店で現在の高校地図帳を手に取って愕然とした。旧ソ連、現カザフスタンとウズベキスタンの境にあるアラル海を見たときだ。自分の古い地図帳でのそれは湖面面積で世界第四位の大きく丸い湖。子供の使った高校地図帳ではかなり干上がり、二つの湖になっている。さらに現在の地図には小さな湖がポツポツ描かれているだけ。人類の自然に対する冒涜の傷跡だ。それにしてもわずか半世紀の時間でこんなに巨大な自然破壊が起こってしまうのだ。

もちろんテレビが点いていないときでも、地図帳を開く。適当にページを開いて、次に旅するところをぼんやり考えるのもよいし、列車の旅なら車窓風景のよさそうなところを探すのにも役立つ。ポンと飛行機で着いて、バスや列車で点と線の移動をした旅のあとでも、地図上で平面の広がりを見ると、訪れなかった都市や遺跡との位置関係を知ることもできる。旅や歴史の読書に沿って地図を眺めるのも楽しい。いつだったか、古代ローマのエミリア街道が現在もほぼ直線で、ミラノ南東のピアチェンツァからパルマ、ボローニャなどの地名が連なり、リミニでアドリア海に出るのを見たときには、カエサルのローマ軍や中世のチェーザレ・ボルジアが教皇軍を率いて駆け抜けた姿を想像し、しばし感動したものだ。

学校教材である地図帳のよさは、地形、気候、民族・言語、産業、交通などを説明する地図や解説画がたくさん掲載されていることだ。たとえば、氷河やフィヨルドの成り立ちや、世界の航空路が航空便本数の多寡で示されていることなど。国境と一致しない言語分布図や、シベリアの少数民族居住エリアが図示されているのも興味深い。こんなふうに、高校のころ授業をぼんやりと過ごしてしまった内容を勉強し直す気分にもなるけれど、期末試験はないのでご安心を。

古代と現代の道の重なり

名神高速のインターチェンジ名の話から。地域名プラス東西南北の名称の場合、高速道路では後ろに東西南北が付く。鉄道の駅名では前で、西明石や北浦和などたくさんある。後ろにしておいてよかった、という例が京都東インター。これが前だと東京都になってしまう。と、道路の専門家である武部健一が歴史を道から説く『道路の日本史』は、そんな小ネタから始まる。人の往来を支える道路、旅のための道路、軍事支配のための道路。陸上の旅は長い間、歩くか馬などに乗るかだった。

日本書紀などの史書によると、都から各地へ幅の広い直線道路を造ったということになっている。が、それは大陸の隋や唐を真似たイメージだけで、実際はそんなことはなかろうという歴史認識が長い間あった。でも、奈良平城京と飛鳥地方を南北に結ぶ三本の直線道路は早くも飛鳥時代の七世紀中ごろには使われていたようで、しかもかなりの区間が現代の国道や県道に重なっている。上ツ道、中ツ道、下ツ道と呼ばれた三本の道は、二千百メートル間隔の平行な直線道路だった。

近年の国内各地での発掘調査では、次々と直線道路跡が出てきている。史書の記述は本当だったようだ。二〇二一年にも滋賀県で東海道と思われる直線道路の遺構が発掘された。ニュースによると、発掘で明らかになった古代の幹線道路は両側に側溝を備え、幅がなんと十五メートルもあるという。この規模の遺構は多くの場所で発掘されている。畿内とその周辺だけでなく、東京国分寺では武蔵国国府である府中に向かう東山道武蔵路跡が発掘され、同じような直線の道であることが分かっている。実際に国分寺市のその場に行ってみると、アスファルト舗装されてはいるものの、古代直線道路跡が保存展示されていた。古代の官道は計画的に造られ、目的地を最短で結ぼうとする意志が際立つという。遠くの国の国府を結ぶものであって、途中の集落を意識しない直線道路。一般人の利用は二の次なのだ。

これには、都から支配地域を結ぶ官道をなるべく直線で構築する、当時のヤマト政権の意志を感じる。飛鳥、奈良時代は隋・唐から律令制を学び、かなり本気な中央集権に進んでいったようなのだ。しかし、中央集権が緩んでくると高規格道路の維持管理がままならなくなり、区間によっては荒廃・放棄された。これは西ローマ帝国崩壊後の中世ヨーロッパで、ローマの街道が荒廃していったのと同じようなことだ。そして地域の実情に合った生活道路ともいうべき道が主になってくるのだという。直線より、集落や都市をつなぎ、なるべく急坂を避け、谷や峠、河川の状況に合わせてカーブする。そのような道の主要なものが街道と呼ばれるようになる。政府の軍団や使者が馬で駆け抜けるためではなく、普通の人々の旅や交易、巡礼のための道路。それらがつながり合って街道になる。徳川時代の五街道もこの延長上にある。明治以後の国道もそういった道の現在の姿だ。だからよく曲がっているし、沿道に大小の都市や集落がたくさんあるのだ。

平安時代から江戸時代にかけて東海道を旅した人々の紀行文を読み解いたのが『「旅」の誕生』(倉本一宏)。「伊勢物語」、「とはずがたり」、「笈《おい》の小文」(松尾芭蕉)、「東海道中膝栗毛」(十返舎一九)、「江戸参府紀行」(シーボルト)などなど。それらを分析的に読み、経路、宿駅、風俗、景色などを整理していく。時代別の東海道が浮かんできて楽しめる。数百年にわたり、各地に遊女が登場するのも興味深い。平安期には旅人である貴族と相互に会話を楽しめる芸能民(と言っていいかもしれない)たる遊女は、江戸期まで下るとただの娼婦となっていった。そんな日本史の読み方もできてしまう。内容はタイトルにある旅の誕生というより、時代別東海道の旅といった感じ。

さて、強力な中央集権政府は領土を道路網で結ぼうとするという。では、封建制の江戸時代を経て再び中央集権となった明治時代の日本で、直線道路が新設されなかったのは、なぜか。そのころには鉄道が大量高速輸送の中心になっていて、近代化を急ぐ明治日本は道路より鉄道だった。自動車のほとんどない時代に、いくら道路を整備しても軍事にも産業にも役立たない。加えて、欧米と比べて馬車の利用が少なかったこともあるという。だから昭和戦後のモータリゼーションまでは鉄道がその役目を負っていた。ただ、鉄道も人々の便利になるルートを選ぶし、急坂に弱い鉄道は、国道をはじめとする一般の道路に似たルートとなる。我々が列車やバスで旅をするとき、歴史ある街々や美しい渓間を走るのはこのためだ。確かに、納得である。

さて、その後に登場したのが高速道路と新幹線。このルートがなんと古代の官道に重なるところが多く、高速道路工事で古代直線道路跡が出土することもあるという。それは、最初から道路網、路線網の全体像を計画的に作り、遠隔の目的地を結ぶことを目標としたためで、期せずして古代の直線の多い官道と重なったらしい。この背景には、技術力の大幅な向上がある。

昔は峠越えをした山をも長いトンネルで貫いて車や列車を通し、新幹線は急坂も登れる登坂力を備えるようになった。遠くの主要地点を目指すことが主目的なので、高速のインターチェンジ間も、新幹線の駅間もかなり長い。しかも、それらの中間地点のインターチェンジや途中駅での乗り降りよりも、より遠く隔たった地点を目指す移動の方が多いのだ。つまり、こだま号よりのぞみ号の本数がずっと多いのはそのことを示している。こうして古代と現代の交通路が重なってきた。

このように単純に旅の出発地と目的地の二点間を結ぶルートは、途中を完全に無視してしまっている。旅の楽しみが途中の行程にもあるならば、多少スピードや効率が劣っても国道や在来線鉄道の旅を見直しても良い気がしてくる。

紙の上の列車旅

「僕は時刻表ばかり見ていて視力が下がってしまったんだ」

中学で同じクラスになった友人がそう言う。たしかに彼は眼鏡をかけている。私はといえば、そのころ旅好きになったとはいえ、生まれ育った東京郊外を走る私鉄は、東西どの方向に乗っても終点まで一時間以内。国鉄(現ＪＲ)でも中央線は高尾までと思い込んでいて、その先があって県境を越えて遠くに行く列車があるということを知ったばかりだった。そして、そういう長距離列車を調べるのに、時刻表なる冊子があるとは知らなかった。

彼のおかげか俄然、時刻表を読むようになった。郊外電車は毎時何本も走っているが、他県やもっと遠くへは数時間に一本とか、一日に一本という列車もある。小さな小さな時刻の数字を指で追い、表の端に着くと次の掲載ページが小さな数字で記されている。なかには途中で二つに分かれて別々のところに向かう列車になるものもある。数字が少なく「レレレ」印が続くのは通過駅が多い急行や特急だとも知る。そういう場合は、ひらがなや漢字で列車の愛称名が記載されていた。特急は「さくら」や「ゆうづる」など仮名で一般的な名称が多く、急行では「信州」「ニセコ」「桜島」など地域に関係する名が多かった。そのころ特急はまだ少なく、急行が主流。ナイフとフォークのマークは食堂車。欄外には駅ごとに売っている駅弁の説明まで。もう中学生にはめくるめく情報の山だ。こうして時刻表を駆使する少年たちの週末旅行が始まった。

当時、時刻表は交通公社と弘済出版社の二社のものがメジャーで、人により御贔屓があってブランドを替えることは少なかった。というのも、この二社でページの配列やデザインが微妙に異なり、一度それを身につけてしまうと、違うものは使いにくくなるのだ。何しろ旅少年たちは、パッとページを開くと大体見たいページに行けた。この二社はいまのＪＴＢパブリッシングと交通新聞社である。

時刻表に掲載される路線別配列は、階級制があるかの如く、序列がほぼ同じだった。トップは新幹線で、続いて各路線から抜き書きの特急や夜行列車。本文たる路線別ページはどちらも東海道本線の東京駅のところが最初。東海道本線のように長くて駅がたくさんある線は一ページには収まらない。東京〜沼津、沼津〜米原などのように区切られ、神戸を越えるとそのまま山陽本線に続く。そうして下関まで行くと、九州・四国の各線、中央本線のブロック、北陸方面、房総方面、上信越線、東北方面、北海道となっていた。それぞれの地域ブロックごとに関連する支線やローカル線ページが載っている。

こうやって時刻表を見ることで、子供なりに序列感を覚えていった気がする。二社でこの順番やページ割がところどころ違っていた。序列とは違うが、見開き二ページでも足りないほど列車がたくさん走っているところと、縦横五センチくらいですべてが終わる、一日に数往復しか列車がない線区もあって、そんな地方は大変なのだなと感じたりもした。楽しいのは後ろの方にあるピンク色のページで、運賃・料金の計算方法や特急・急行の列車編成図、寝台車の車内構造イラスト、食堂車のメニューも載っていた。地方に親戚のいない子供にとっては夢のような情報だった。

また、時刻表そのもののファンもいるのか、ときどき昔の時刻表復刻版が出版される。手許にある復刻版は一九六四年の東海道新幹線開通時のもの。東京〜新大阪間をひかり号とこだま号がほぼ一時間に一本ずつ。数分毎にのぞみ号が走る現在からは信じられない長閑《のどか》さである。

いまでは紙の時刻表を使うことのない人も多く、インターネットの乗換情報をクリックすると到着時刻から乗換駅、運賃まですぐ分かる。私も日常的に使っているが、便利な反面、情報が点と線になってしまう。観光のときなどは、一覧できる時刻表で前後の列車を見ながらの旅もいい。途中下車しても次の列車までの間はその駅周辺を歩いたり、海を見たりできる。少し行き過ぎて別の街を見てから目的地に戻って、旅館のチェックイン時間に間に合わせる、そんな旅もしやすい。紙の一覧性はそうした工夫にはとてもいいのだ。ビジネスライクに効率第一ならクリック一発だが、初めて訪れる土地を楽しむには時刻表を眺めるのがお勧めだ。多少効率が悪くても、路線地図と時刻のページを行ったり来たりしながら、旅先の地名や駅名を覚えて旅心が深まっていく。そして、そういうことの繰り返しによって、旅のスキルが身についていくのかもしれない。

十九世紀イギリスではコレラの大流行が何回もあったが、その収束には地図との関係があったという。当時コレラは空気感染すると考えられていた。が、一人の医師が、コレラ菌に汚染された水や食物を口にしたり、衣服や寝具を使ったりすることで感染すると考えた。しかし証明ができずにいたところ、コレラ患者の発生地点を市街地図に記入することを始めて、患者が集中する地域にある給水ポンプが汚染された井戸のものだと発見したのだそうだ。いまでは地図に特定の情報を載せて、市場調査や社会調査に使うことは普通に行われているが、百年以上前はまだそれが斬新な方法だったのだ。

いまや手のひらに載るスマートフォンに世界中の多種多様な地図を呼び出すことができるけれど、正確な地図を普通の人が使えるようになったのは、人類史のごくごく最近の出来事なのだ。イギリスのジャーナリスト、ノンフィクション作家であるサイモン・ガーフィールドによる、古代から現代までの地図の発展や役割の物語が山盛りになっている『オン・ザ・マップ　地図と人類の物語』に出会ったのは、新型コロナウイルスが流行して、旅に出にくくなったころだった。

古代・中世では聖地巡礼や遠隔地貿易などの道具として牧歌的な地図が作られたり、宝島の探検に奇妙な絵地図が使われたりしていたようだ。でも、古代ローマの学者、プトレマイオスが天文学、地理学を駆使して作った地図では、「球体」である地球をどのようにして平面に表現するかという問題意識まであったという。それから千年以上のちになってもヨーロッパでは地球は平らであるとされ、古代の智恵は深い闇に置かれていた。

この本はそんな古代から現代までの地図を巡る二十二の物語を並べている。「並べて」と書いてしまったのは章の区分けがなく、二十二の話がトピックスのように連なっているから。内容は楽しく興味深いのだが、このメリハリのない配列は芸がない。これは欠点というほどではないのだが、欠点は別にある。それは完全にヨーロッパと地中海世界の地図の物語集だということで、大文明の中華やインドはわずかしか記述されず、また、近代欧米帝国主義の対象地としての記述が多い。二〇一二年初版にしてこの視点は残念だが、本書の質を引き下げるものではないだろう。

国土地理院の二万五千分の一地形図が日本中を網羅しているが、このように国家が測量し、地図製作するというのは、近代国家イギリスでも十八世紀になってからのこと。その動機は軍事防衛だったという。陣地を築いたり、軍隊を移動・布陣したりするには土地の高低や拡がり、河川や山地を正確に把握する方が有利だからか。イギリスで地形図を統一的に作り始めたのは陸軍の組織で、のちの陸地測量局となっていく。そういえば日本の国土地理院の前身も明治の兵部省にいき着く。

それにしても地図の歴史を知ると、いろいろなことが次々に眼前に飛び出してくる。例えば、未踏査・未確認の土地は空白にせず、奇妙な怪物や動物、植物が描かれてきた。これはまだ笑って済ませられる例だが、驚くのは未知の土地に想像で山脈や河川を書き加えて製作・販売されていたということだ。アメリカのカリフォルニアが島として描かれるのが止まったのは十八世紀半ばだし、平らな西アフリカ大平原に描かれたありもしない「コング山脈」という大山脈が消えたのは十九世紀になってから。

そんなウソはまだかわいい方かもしれない。近代になると、未知の地は空白として描かれ、正直な地図になっていった。そして徐々に科学的測量によって空白が縮小していく。アジア、アフリカ、新世界の空白を埋めていったのはヨーロッパだ。空白だった土地には名前がなく、その所有権を主張できぬ先住民をよそに、探検し測量し、空白でなくなった地に命名し、自らのものだと一方的に宣言した。まさに、まったくかわいくないウソだ。仏領アルジェリア、ベルギー領コンゴ、ポルトガル領アンゴラなどなど。大英帝国が膨張した十九世紀、時の女王ビクトリアの名を冠した都市、湖、滝、島が生まれ、いまでさえ世界のあちらこちらにたくさんある。闇に包まれている先住民を「文明化」すると表明した行為の結果は、資源搾取、奴隷化、そして植民地化だった。ガーフィールドはこれを「真の暗黒時代の到来」と言う。

初めてロンドンを旅したとき、たまたま手にした都市地図帳が『LONDON A-Z』だった。地図面には文字があふれるほどたくさん記されていた。すべての通りに名前を付け、それに番地を振るストリート方式の住所表示にあっては、地図に通りの名を記載するのは必然。むしろ無名の通りが多い日本の都市が例外的なのだ。この『LONDON A-Z』は『オン・ザ・マップ』の第十五項に登場して、この地図帳が生まれた経緯を知ることができる。また、通りの名、地名があふれているだけあって索引が非常に充実している。ABC順に並ぶ地名を見ていると、そこから書名が生まれたのかなと感じる。

索引の充実という点では、香港の定番的都市地図帳『香港街道地方指南』が思い浮かぶ。全体の約四割が索引ページなのだ。中英二語で道路、建物、地名、学校、公共施設などが掲載され、索引ページは小さな文字が詰まっている。地図本文に路線バスの経路と路線番号が記載されているのは旅行や移動に非常に便利だ。この本は香港ファンの間では「指南」と呼ばれ愛用されている。京都などごく一部の例外を除いて、市街地住所表示にストリート方式のない日本で、外国からの旅人はどうやって旅の目的地を探すのだろう。そして、多くの外国都市を歩くときに日本製のガイドブック地図が不便なのは、通りの名がないことに慣れている日本式発想で道路名を大幅に省略しているからなのだ。

さて、都市地図のなかで日々目にするのが地下鉄や電車の路線図。路線別に色分けしたり、実際の地形をある程度無視して駅間を均等にしたりしている。これはいまでは普通のことだが、二十世紀中ごろにロンドン地下鉄に使用され、発展したものだという。では、都市を出て他の都市に向かうときはどうだろう。そんな情報にもガーフィールドは言及する。十七世紀イギリスのジョン・オーグルビーが作った「進路要図」がその役目を果たしていた、と。これは縮尺は正確だが、コースつまり道に沿った細長い地図なのだ。途中の集落や都市、横切ったり並行したりする河川が描かれているが、進行方向は常にほぼ上。そのため方位は場所によって変わっている。これってカーナビの画面のようではないか。三百年以上を経て、出発地から目的地を目指す機能に特化した地図が変身して現れたかのようだ。

旅人

小さな美しいもの　カレル・チャペック

ことばの豊饒さとお茶目な語り口で、ニコニコしながら著者と街歩きをしているような気分になる。ぐぅーん、とクローズアップして花や草や柵や教会や町屋や公園やそして人々を具体的に、そう、一般名詞だけでなく植物の名、タイルやレンガの固有名詞で次々と描写していく。スペイン、セビーリャならこうだ。マジョルカ焼きのタイル、ファヤンス焼きの噴水、芭蕉と棕櫚とフェニックスの長い葉のアーチ、フィロデンドロン、ヤツデ、君子蘭、ユッカ、シダ、ベゴニアとカメリア、夾竹桃、紫露草。小さなパティオ（中庭）を描写するだけでこれでもかこれでもかと目に映る名前が続く。かと思うと、北欧やブリテン島では、パッと視界を広げて山々や草原や氷河の大風景が現れる。

アンダルシア地方を旅しようとしたときに、たまたま手にとった『スペイン旅行記』がカレル・チャペックとの出会いだった。太くゆるい線描のフラメンコダンサーとギタリストの表紙が最初に目に入ってきた。チャペックは、チェコからスペインへ向かう急行列車で汽車の旅を語る。車窓風景と各地の風土、外が見えない夜行はもったいないこと、実は各駅停車の方が楽しいなどと、話しながらマドリッドへ。チャペックは戦間期、つまり第一次と第二次世界大戦の間の時期に活躍したチェコの作家でありジャーナリストなのだ。「ロボット」ということばを生み出した人でもある。百年近く前のその著作は、しかしまったく色褪せていない。チャペックの旅行記の多くに共通しているのは、機知に富んだ文章と線描の絵がたくさん添えられていることで、原稿を書く万年筆で絵も描いてしまったのかな、と思わせる。適度に省略された太線は、英国紳士、ショールを羽織るアンダルシア娘、北極海航路の船長、パティオ、フィヨルド、自転車、羊や馬、グラスゴーやロンドンの密集する建築、湾曲する川などなどを浮き上がらせる。そのシンプルな描線は、デンマークの平らな国土とスウェーデンの森や家々、ノルウェーの深い谷や木造家屋を見事に描き分けてしまう。このペン画と軽やかでいて深い観察眼にぐいぐい引っ張られていく。

二十世紀前半の大英帝国最盛期の当時、ロンドンを訪れ、その後ブリテン島を周遊するチャペックの目には、大都市ロンドンの途方もない人口集積と社会矛盾が映る。しかもイギリスの豊かさが四億の植民地住民のうえに載っていることを見通している。それでも、単純な批判に終わらず、自由に公園の芝生に入り、歩ける事態を前にイギリスの民主主義を讃えるのだ。たとえば、ハイド・パークでは誰もがそこで自分の考えを主張し演説してよい場所である「スピーカーズ・コーナー」に遭遇してつくづく感心してしまう。

セビーリャに行ってみると、チャペックの書いたとおり旧市街地は狭い道がクネクネと走り、家々の石壁や白壁の奥にある美しいパティオが続く。その低層の家々の間に巨大な大聖堂が聳え立っていた。パティオを内に秘める家々の窓には、鋳鉄製の黒く美しい鉄格子が付いている。ねじり、曲げ、交差させ、尖らせた黒い鉄。私の見たこの光景が、チャペックの文章とオーバーラップしてきた。確かにセビーリャはそういう街だった。「神は細部に宿る」ということばのように、チャペックは小さな美しいものを次々と語る。

ところで、カレル・チャペックのカレルはドイツ語でカール。十四世紀にプラハを首都とした神聖ローマ帝国皇帝カール四世は同時にボヘミア(チェコ)王カレル一世なのだ。ここがヨーロッパの面白くも不思議なところで、チェコのカレルはドイツ語世界ではカール、スペインではカルロス、フランスではシャルル、英国ではチャールズそしてイタリアではカルロ。そう広くもないヨーロッパで同じ人がこうも変化して呼ばれるのだと感心する。

快活に筆を走らせるチャペックは、オランダのある街で立ち尽くす。古い建物の上方に双頭の鷲を見たとき、だ。ヨーロッパを数百年にわたり支配したハプスブルク家の紋章を見たとたん、語り口の軽やかさは消え、重い饒舌に変わる。そう、オランダ・ネーデルランドはハプスブルク帝国の版図だったドイツ、ナポリ・シチリア、ハンガリー、セルビア、スペイン、新大陸、オーストリアはもちろん、そしてチェコも。

「われわれチェコ人が何年も前にあんなにほっとして別れを告げたハプスブルク家」。帝国崩壊は一九一八年(!)。帝国臣民とされた人々の近過去との邂逅。どうしたのだろうチャペック。あんなに街の細部を愛で、土地ごとの風景を楽しげに描き分けていた明るい筆致が、双頭の鷲に出会った途端、生真面目なそれに変わる。しかもそれは支配に対する単なる怨嗟ではないのだ。

ハプスブルク帝国は、民族や言語、国境を超えた「超国家とでもいうべき大きな理念だった」とチャペック。国家を超える理念である、神聖ローマ帝国であり、ハプスブルク帝国という、歴史とその状態に千年間もゆっくりと折り合ってきたと言う。汎ヨーロッパ性とでもいう伝統を持っている、そのことに慣れっこになっている人々は、王朝や帝国ではなく、経済的な現実を前にした一種の共通体制をいつかは作り出す、鷲はもう一羽もいなくなるだろうが、と。これは、欧州連合（ＥＵ）への道のことではないか。確かに、戦後のヨーロッパでは、まず欧州石炭鉄鋼共同体と欧州経済共同体が設立され、経済面の共同化が先行し、やがてＥＵへと発展してきた。一九三一年の文章である。おそるべしチャペック。

フィールドワークの人　鶴見良行

エビ、バナナ、ナマコ、マングローブ、マラッカ、スズ。この人の名前から思い浮かぶのはこのようなことばだろうか。どれも東南アジアに関わりのあるもの。現地へひょいっと飛んでひとりで動く。エビ養殖や木材伐り出しの現場は整然とした都市ではなく、干潟の海辺や奥深いジャングルだったりする。半島や島へローカルの小さな船で渡ったり、観光客皆無の集落に現れたりする。その場で料理もしてしまう、タダ者ではない旅人なのだ。

鶴見良行は大学教授だったときもあるので、学者・研究者といってもおかしくないだろし、ジャーナリストと見做す人もいたようだ。では何の研究か。社会人類学、経済学、歴史、政治、民族誌学、それらが混然一体となった研究をしている、そんな人だ。まあ、研究分野はいい。すごいのはその手法で、文献研究だけでなく、全然それだけでなく、現地の生活の場所へ直接入って、見て、触って、食べて、そして考える。しかもそれらはドグマ・教条主義から自由なのだ。

他国の自然や人々の暮らしや、外国資本進出のそれへの影響を調査しても、一方的に進出企業を「悪」とすることはなく、実態をキッチリ見て語るのだ。単純化した善悪二元論の空しさ不毛さに対する強い自覚がある。

初めて手にした鶴見の著作は『マラッカ物語』だったように思う。マレー半島とスマトラ島の間にある幅が狭く長いマラッカ海峡が、中東と日本を結ぶ重要な海運ルートだということ、マラッカの街はマラッカ王国の古都であり、ポルトガル、オランダ、イギリスといった西欧植民地勢力が順に入れ替わって支配してきた歴史の積み重ねがあること、それくらいの予備知識はあった。だから『マラッカ物語』は血沸き肉躍る歴史絵巻かと思った。が、いきなり水爆から話は始まる。原爆よりはるかに強力な水素爆弾である。西のインド洋・アンダマン海と東のタイランド湾・南シナ海を分ける、細長いマレー半島の最も幅の狭い部分を、水爆で開削して運河を作る計画があった。一九七〇年代のことだ。水爆計画は立ち消えになったが、一度出てきた計画はどこかの書庫に収まり、またぞろ出てくると鶴見はいう。まあ水爆は序章。歴史絵巻ではなかったが、海の東南アジアを舞台に、緻密な調査を基にして、スズ、ゴム、アヘンなどの物産とそれに絡み合う現地貴族、華人、欧米勢力の争いを追いかける。

海といえば、広く東南アジア各地の海辺は泥と水が入り組むマングローブ林の植生が多い。マングローブとは海辺の海中に生育できる樹木の総称。根が幾重にも分かれて水上に現れる独特の姿で、そこでは陸と海の境は明瞭な線ではなく幅のある帯のようになる。『マングローブの沼地で』はそんな島嶼東南アジアを歩き続けた鶴見の視線をたっぷりと感じることができる。十九世紀に北ボルネオに植民した英国民間人がラジャ（王）として長期間君臨したことや、植民地軽便鉄道敷設の話が続く。ちなみに、この鉄道はサバ州立鉄道となり、本数が少なく不便だが、観光列車が走ることもある。

現フィリピン南部のミンダナオ島西端のサンボアンガから先に点々と連なるスールー諸島。その先は、現マレーシアのボルネオ島サバ州へとそのまま続く。かつては東西南北に交流・交通があった。しかし現在はボルネオ沖に国境があり、サンボアンガやスールーからサバ北東海岸のサンダカンなどに行くには、外国人はマニラに戻って空路サバ州都コタキナバルなどに飛ぶしかない。欧米帝国主義勢力が植民地支配に出現する前は、島嶼東南アジアに明瞭な国境などなく、多彩な海路での行き来があったという。この海域には多数の民族が多数の言語とともにあり、とても現在の国や国境で割り切れない多様性があるのだ。

鶴見最晩年の『東南アジアを知る 私の方法』から食べ物と良識に関してひとつ。バナナやエビ、ナマコという現地産品を巡る、巨大多国籍企業と現地地主、そして貧しく土地を持たぬ農民や漁労民という複雑な構造がある。たとえば、歴史を遡ると流浪の貧しい農民が、先住民を押しのけてきてもいた。そういう悲惨な状況を知って、労働者に同情するあまりバナナを食べなくなった日本の人がいることに、鶴見が困惑しているのが微笑ましくもある。現代ではフェアトレードという概念が普通になってきたというのも人間の進歩なのかもしれない。ただ、鶴見は環境破壊・資源枯渇を伴う養殖産物は食べない方がいい、ともいう。

逆説的だが現在の国の単位で語るのが『アジアはなぜ貧しいのか』だ。ただこの書名はかなり内容とずれている。貧困の元を書いてはいるが本書のテーマとは思えない。むしろ、マラッカ物語で期待した歴史絵巻の感がある。特に、現マレーシアでのスズ鉱山やゴム農場・プランテーションが、十九世紀に西欧支配が入って混乱・拡大する様はダイナミックだ。スズ鉱山権益をめぐるマレー半島のセランゴール戦争は、各地のマレー人ラジャ・貴族、華人の頭目や苦力《クーリー》（華人を主とする出稼ぎ労働者）、スマトラ各地の勢力、インド・マレー傭兵、ヨーロッパ人、イギリス当局が複雑に絡み合っての内戦で、よくもまあ外国の十九世紀の事件を調べ上げたものだと感心してしまう。その点で、この本はフィールドワークに加えて文献研究の色彩も強い。そしてこの記事で華人出稼ぎ労働者の大親分ヤップ・アロイ（葉亞來）を知った。香港・清国でのアヘン戦争のころ、広東恵州から出稼ぎで来た客家《はっか》人である。葉を「ヤップ」と読むのだから、広東語でも北京語でもない。客家語発音なのだろうか。大陸から大量に流入した苦力として東南アジアに渡ったひとりで、そのなかから頭角を現した大親分だという。セランゴール戦争で勝ち側にいて、いくつものスズ鉱山を所有し、クアラルンプールの市長格になったという。

あるとき、クアラルンプールで華人ビジネスマンと会食をする機会があった。マレーシア第四代首相マハティール時代の、日本の経済発展と社会を学ぼうとした、ルックイースト政策世代の彼らは日本語も上手だった。ふと、彼らに「ヤップ・アロイはみなさんにとって、英雄なのですか、それとも……」と聞いてみた。すぐに返ってきた答えは「英雄」だった。現マレーシアという国は、マレー人優先策を採っていて、華人・華僑は経済力があっても平等ではないのだ。そこで、初見の日本人が彼らの英雄の名を口に出したのは多少の驚きであったかもしれない。そのあと話が弾んだのは言うまでもない。

鶴見の筆はさらに、インドネシア、フィリピンと続くが、そこにはタバコ栽培、麻、バナナと農産物のこと、戦後も含めての外国企業の進出の話へと進む。ただ留意すべきは、鶴見が先進国企業が悪で、地元住民が被害者という単純な図式に陥らない点だ。アジア側のなかにも、ヨーロッパ留学組を核とした首都の政権と地方という対比が描かれている。歴史や民族とは無関係に植民地宗主国が勝手に引いてしまった境界。その独立した国の民族・言語の多様さやキリスト教徒とイスラム教徒など宗教間の対立という複雑さを抱え込んだ世界を次々と描いていく。う〜ん、これは大変な歴史絵巻になってきた。

温泉を旅する　山崎まゆみ

この人はいつ東京の自宅に居るのだろう。そう思うほどいつもいつも旅している。SNSの画面には「羽田空港からまもなく出発」とか「嬉野です。旅館で女将と会います」などのフレーズがポンポン飛び出してくる。旅先から別の温泉に直行し、列車、温泉、飛行機、旅館、と旅また旅なのだ。それで「女寅次郎」と勝手に名付けてしまったのが私。温泉エッセイストだから温泉のあるところ日本中、世界中を巡る。

観光庁のイベントで会ったとき、ニューギニア、ボルネオなど赤道に近い熱帯の島々にも温泉の出るところがあるということを聞いた。いまでは観光地になっているボルネオ島のマレーシア・サバ州の山中にあるポーリン温泉は、第二次大戦中に日本軍の将兵が拓《ひら》いた温泉が現代に伝わったものだという。この温泉で働く地元女性からの、「日本兵が穴を掘って温泉に入っていた」というわずかな情報で、山崎まゆみは東南アジア各地で日本兵の温泉を探し、取材を進める。ラバウルはパプアニューギニアのニューブリテン島北東部にある。資料からそこラバウルに、花咲温泉、宇奈月温泉という日本地名を発見し、細い糸を手繰るような調査が始まる。戦友会や名簿資料から軍人・軍属やニューギニアゆかりの人がつながってくる。そのなかから、旧日本陸軍資料に「温泉遊撃隊」という記録を発見。遊撃隊とはゲリラ戦をする小部隊を意味したらしい。温泉遊撃隊は軍の正式な名称のようだ。

この一連の調査から『ラバウル温泉遊撃隊』という不思議なタイトルの本が生まれた。温泉ということばから、辛い軍務の合間に温泉で一息入れる光景を予想していた。著者も読者である私も、である。しかし、それは大いなる誤解だと知る。空襲や戦闘のない隙間時間で垢を落とすだけ、という想い出が多かったのだ。ラバウルは有名な激戦地である。花咲温泉は基地の近くに確認できたが、宇奈月温泉が見つからない。宇奈月はジャングルを分け入った先にあるらしい。そして調査の末やっと発見した日本兵温泉跡で、現地住民の歓声のなか、山崎が入浴するシーンは圧巻だ。

各地の温泉では、短時間で次々駆け抜けるようなことはせず、温泉宿に泊まり、料理を楽しみ、女将をはじめ旅館の人々と語り合うという、忙しくも時間のかかる取材スタイルのように思える（だからほとんど東京にいないように感じるのだ）。そのため日本中に温泉でつながった友人知人がいて、双方向に情報が流れている。温泉の効能や魅力にとどまらず、家業としての温泉旅館の運営や人事・教育、外国人雇用、料理、節電にまで及び、山崎は丁寧に旅館の素敵さと苦しさに視線を注ぐ。

数多の温泉施設を見てきた彼女のテーマの一つがバリアフリー温泉。体の不自由な人、高齢で足腰の弱った人、手術痕の気になる人にも温泉を楽しんでもらうにはどうしたらよいのか、そんな気持ちから『バリアフリー温泉で家族旅行』が生まれた。日本中の温泉を知り、多くの知己のある山崎だけあって、ホテル以上に違いが多い旅館の施設への目配りが細かい。湯船の形状、洗い場からの段差・落差、館内の移動、トイレ、貸出備品など多くの項目がある。そして、施設（ハード）だけでなく宿側の心（ハート）のバリアフリーの双方が大切だという。ハード面だけで判断してしまうと伝統ある古い宿は評価が下がるだけ。建物や施設がすべてではないのだ。紹介されている宿は均質ではなく、館内外に段差がある場合などには、それを宿の工夫や努力で超えているのが分かる。一度山崎の取材に協力したことがあるのだが、段差解消のスロープを前に巻尺のメジャーが登場した。長さと高さを測って傾斜を割り出してはじめて納得となるのだ。

温泉から離れ、舞台は新潟長岡とロシア極東ハバロフスクへ。長岡といえば信濃川の花火大会。毎年八月二日、三日に開催される、日本三大花火大会のひとつだ。両日の大会最初に打上げられる一発は白一色。『白菊』はこの花火の名をタイトルにした一冊だ。実は大会前日の八月一日には白菊が一発だけ上がるという。敗戦まで二週間を残すだけの昭和二十年のその日、長岡は米軍の大空襲を受け、千四百人以上が亡くなった。八月一日の白菊はその犠牲者への鎮魂の花火だ。新型コロナウイルス禍に見舞われた二〇二〇、二一年夏の長岡花火は中止になった。でも、鎮魂の花火白菊は打ち上げられた。

長岡は著者山崎の出身地。長岡花火の不思議な感動の理由を調べて、たどり着いたのが花火師の嘉瀬誠次。戦後長い間、一社で長岡花火を仕切っていた伝説の花火師だ。嘉瀬は戦争末期に兵役で千島列島の部隊にいた。敗戦時に迎えに来たのはソ連船。部隊ごと乗船させられ、東シベリアへ。紆余曲折ののち、ハバロフスクに抑留される。厳寒のその地で粗末な装備で使役され、多くの戦友が死んでいったという。

嘉瀬は昭和二十三年（一九四八年）にナホトカから舞鶴港に降り立ち、生還した。それから約四十年後、あるイベントで発した「シベリア・アムール川で鎮魂の花火を上げたい」とのことばが人から人へ伝わり、嘉瀬は抑留地ハバロフスクで、亡くなった人々の鎮魂のために生み出した花火白菊を上げることとなる。一九九〇年の夏、白一輪の白菊に続き、長岡の華やかな花火が次々と打上げられ、花火初体験のハバロフスクの人々を感動させる。それから十三年後に取材に飛んだ山崎に、多くの人がまるで昨日のことのように花火の美しさ、と感動を語ったという。

温泉を軸に、日々旅をして旅を栖《すみか》とする女車寅次郎。いまはどの旅の空にいるのだろう。

自らと対話する　沢木耕太郎

沢木の名を聞いて『深夜特急』を思い浮かべる人は多いだろう。香港と東南アジアをホッピングして、インドから陸路バスを乗り継いでロンドンを目指す一人旅。旅好きにはたまらない名作である。旅人としてこの章に沢木を選んだ理由は深夜特急ばかりではない。沢木耕太郎のノンフィクションのなかに、旅を題材にしたものがかなりあるのだ。ここでは沢木耕太郎を旅人としての視点で読んでいきたい。

まず、『一号線を北上せよ』。一号線というカッコ良さ、北上せよ、という歯切れの良いタイトルに魅かれた。二〇〇六年に再編集、文庫化されて「ヴェトナム街道編」となった。この短編集に収録されている『ヴェトナム縦断』は、深夜特急の旅から二十数年を経て、まだ貧乏バスの旅をするの?という気もするけれど、沢木の筆致は冴え、そこに歳を重ねた穏やかな視線が加わっている。バックパッカーばかりの安ツアーバスに乗り降りしながら、ベトナムの国道一号線をホーチミンからハノイに向かって北上。入れ替わりのある欧米人を主とする乗客のケチケチさ、わがままさを浅ましくあざといと眺めつつも、それを自分の姿に重ねる余裕がある。そして、観光名所で遭遇した日本人団体ツアー客。肩肘張らず疲れたら腰を下ろし、現地のガイドと楽しげに雑談を楽しむその姿に、歳をとったら年寄りらしくこういう旅をするのも悪くないなと感じる。なにも、誰にも頼らず倹約して個人で旅をする、とムキにならなくてもよい、そういう沢木の穏やかな心が染み出てくる。まだ過激に経済発展を遂げる前のベトナムという舞台もよかったのだろう、か。

文章の切れ味、そしてそれを支える取材の切り口がいい。初期作品の石垣島と台湾、対馬と半島、根室納沙布《のさっぷ》岬など、国境や境界を「見る」という着想も鮮やかだ。

さて、『深夜特急』だ。インドからロンドンまで路線バス乗継の旅のはずではあるが、航空航空券の都合でたまたま降り立った香港に魅せられる。混沌として、生活エネルギー爆発の植民地香港の街を歩き回り、長居をする。この香港部分だけでもひとつの作品として読めるし、香港街歩き紀行の源流のひとつでもある。インドからは陸路路線バスの旅だ。ドミトリー式の安宿、隣のベッドに力なく横たわるヨーロッパ人の若者に虚無と死の影を感じ、そこを離れる。バックパッカーの集まる怪しいカフェで食事をし、預かった伝言を持って見ず知らずの現地人を訪ねる。イランを横断し、ルートを選び、トルコからヨーロッパへ。乾いた暑いアジアから、寒い湿潤な西欧パリへ。強い光景のコントラストは土地風土を反映しているのか。どの場面にも、一人旅につきまとうナイーブな若さが、そこにはある。

この貧乏旅行記は当時から多くのファンを得た。そしてこの長距離旅行を模倣する人がでる現象が生まれ、テレビ番組になったりもした。一九七〇年代の沢木二十六歳のこのバス旅は、しかし発表されるまでにかなり熟成の時間を経ている。新聞掲載を経て出版されたのが八六年。最終巻の第三便が出たのは九二年だ。模倣者の多さとこの熟成が気になって、私は長い間手を出さなかった。ちょっと麻薬になるかも、という思いがあった。幸い充分大人になってから最初のページを開いたので、中毒にならずに静かに読むことができた。ああ、こういう旅もあるのか、素敵だねって。

沢木耕太郎を読んでいて、その文章には旅先の風物を語るようでいて、実はそのときどきに著者の脳裏をよぎることば、フレーズが記されていると感じる。声に出ることのない脳裏のモノローグ。記されたことばは、自分が自分に問う一人対話なのだ。読者は著者と同じように、流れいくややぼんやりとした光景を見ていて、変化する事態をとらえようとモノローグで思考している、そういう気がする。さっき出会った彼女とはもう少し長く話すか、食事にでも誘った方がよかったのか、いやそうせずにこうして一人歩いている方がいいのだ。この値切り交渉はなんだ、少しだけ値段が下がっても愉快ではない、値切ればいいってもんじゃない。そんなことを、確かに考えながら旅は続いていく。

旅の心得　松尾芭蕉

月日は百代の過客にして行きかふ年も又旅人なり

誰もがこの書き出しを一度は目にしたことだろう。教科書に載る作品は、取り上げられた箇所しか知らぬ人も多い。もちろん欠片であっても知られていないよりはいいように思う。それにしても、『おくのほそ道』はさすがに名作だけあって、読めば読むほどキリリと締まった無駄のない文章が旅をおし進めていく。

元禄二年（一六八九年）千住大橋で船を降り、北を目指す。芭蕉は日光街道、奥州街道に沿って岩手県南部の平泉まで北上すると、その後は奥羽山脈を西に越え、山寺、月山を経て日本海側に出る。鶴岡、酒田から北へ。芭蕉が記した「松島は笑ふがごとく」に対して、「憾《うら》むがごとし」という象潟《きさかた》の風景は、そのころ松島のように多くの島々があったのだという。九十九島といわれたその景色は、江戸後期の地震で隆起し、現在は田園に変わっている。

象潟で折り返した旅は、日本海沿岸を鼠ヶ関、新潟、弥彦、直江津、親不知《おやしらず》と、現在の山形、新潟、富山各県を西南に進む。越の国、北陸道である。さらに金沢、永平寺、敦賀まで西進してやっと日本海を離れ、美濃国大垣で旅を終える。そこはもう江戸の真西である。

題名から東北だけの紀行と思い込みやすいのだが、総延長二千四百キロのそれは、かくも長距離の奥羽・北陸徒歩周遊旅行記なのだ。芭蕉の句そのものも味わい深く、紀行を精彩あるものにしているが、各地の文物、風景や人々と出会う芭蕉の喜び、驚き、感心、哀感が素敵だ。

仙台の北、古代の国府政庁が置かれたヤマトの東北の拠点、多賀城跡。奈良時代の天平宝字六年（七六二年）に恵美朝臣朝獦《えみのあそんあさかり》が修造したときの石碑「壺の石ぶみ」に芭蕉が感動したのは、石碑設置からすでに千年近くを経ていた。そして、その芭蕉の元禄時代から、さらに三百年以上のちにここに立った私もまた、感動した。古代の国境を北に拡げてきた人達が建てた石碑が、こうして目の前にある、そのことに感動したのだ。この少し北方がヤマトと蝦夷の境界地域だった。もちろん北側から見れば、ゆえなく軍隊が押し寄せてきたことになる。さして大きくない石碑には各地からの距離が刻まれている。京千五百里、下野国界二七四里、蝦夷国界百廿《ひゃくにじゅう》里。まだヤマトと蝦夷の国境はこのすぐ北側だったのだ。靺鞨国界三千里！　靺鞨とは大陸沿海州にあった渤海国を指すのであろう。

「予もいずれの年寄りか」と書いて旅立った芭蕉は四十五歳。当時としてはそれなりに高齢なのだろうが、既に江戸から仙台まで一カ月以上歩き、道のりはまだまだ先がある。

五月雨をあつめて早し最上川

新緑を感じさせる渓間を舟で下り、西に向かう。ここはいまでも狭い谷間に国道四十七号線と陸羽西線が最上川に並走して、美しい車窓を楽しむことができる。そして日本海側の庄内地方に到り、羽黒山、月山、湯殿山と、仏教、修験道の聖地を巡る。湯殿では行者の作法としてその様子を人に語る事が禁じられ、芭蕉も「よって筆をとどめて記さず」とある。素晴らしい。そう、こういうことは守っていくのがよいと思う。

荒海や佐渡によこたふ天河《あまのがわ》

この句以降の道のり、新潟以西はあまり有名ではないように思うが、味のある描写が続く。親不知の難所を越え、疲れて投宿した市振《いちぶり》では、そばの部屋から若い遊女の声が聞こえて、同じ宿にまったく境遇の違う自分らと遊女とが泊まり合わせた感慨の句が残る。そして旅を不安がる彼女らの同行の願いを断り西へ進む。そういえば、上越新幹線開通前の上野と新潟を結ぶ夜行列車の名は「天の川」だった。この句からの命名だろうか。

岩波文庫版『おくのほそ道』には、約九十年後の安永七年（一七七八年）に刊行された注釈書『奥細道菅菰抄《すがごもしょう》』が収録されている。著者の蓑笠庵梨一は芭蕉の足跡を何度もたどり、晩年は越前に住み本書を著したという。序、凡例、芭蕉伝に続き引用書目が掲載されている。老荘、史記、唐詩選、記紀、勅撰集、源氏、枕草子、徒然草などの和漢百二十三部の書名リストに圧倒される。そして本文に沿って地名、人名、名所、用語、出典などについて延々と注釈が続く。この菅菰抄だけを読んでも充分な読みごたえがある。それにしても芭蕉の著作が流通し、その注釈本が出版され、それぞれを現代でも読めることに、江戸時代の文化爛熟を感じる。

さて、旅人松尾芭蕉は、もちろん奥羽・北陸道だけでなく、近畿から東の各地を多く旅している。出身地伊賀（三重県）と江戸との往復、中山道の旅、伊勢、奈良、京都、近江などである。それらの旅は同じく岩波文庫版で『芭蕉紀行文集―付嵯峨日記』に収められている。

芭蕉は「笈の小文」で、故郷伊賀から吉野に向かうときに「旅の具多きは道ざわりなり」と書いた。最小限の衣類と筆硯、薬などを箱（笈）に入れて背負うだけ。旅に荷物が多いのはいけないのだ。いいことばだなあと、旅の荷造りのたびに思い起こしている。

憧れとノスタルジア　車寅次郎

いいなあ、寅さん。

家族とケンカしてプイッと商売の旅に出て、またフラリと葛飾柴又に戻ってきても、居るところがあるんだから。テキヤ稼業で全国津々浦々を旅する生活ゆえ、一箇所に定住することは無理なのだろうが、フーテンの寅には帰る温かい家、草団子屋のとらやがあるのだ。自由とばしの温かな家。旅は出発してどこかに行くも、出発点に戻ってくるものだ。だから車寅次郎は旅人なのだ。そこが旅と流浪とが決定的に違うところ。

渥美清主演映画『男はつらいよ』は昭和から平成にかけて四十八本が制作された。その後、特別編が二本。ほぼ毎年二本のペースで公開され、毎回寅さんが旅先でマドンナに恋をし、旅先と柴又でドタバタを繰り広げる。むろん恋は成就しない。ロケ地となる日本各地の風景と毎回変わるマドンナの魅力も楽しみ。このような超ワンパターンに、自分は『男はつらいよ』が好きだよ、と言うには多少のはじらいと勇気が要る。自分は俗物ではないのだ、という小さな主張を込めて。

ロケ地巡りの書である『「男はつらいよ」を旅する』は寅さんの旅をたどることができる。著者の川本三郎が「シネマ紀行」と自ら言う、映画の舞台となった土地を訪ねながら、自身も小さな店に入りビール飲みながらの夕食。店のおかみさんから、映画ロケの当時のことや、過疎化が進んでいる土地の話を聞く。寅さんみたい。そして撮影がなされた場所に訪れる人も多いと知るのだ。このように川本は、映画のなかの寅さんとマドンナや、他の登場人物とのやりとりを思いおこす。川の土手と鉄橋の様子、ローカル私鉄の小さな途中駅、街道沿いの木造家屋の連なり。ページを進めながら数々の名場面が目に浮かんでくる。林間の田舎道でバスを降りる寅さん。いい歳して、浅丘ルリ子、吉永小百合、太地喜和子、大原麗子、田中裕子といったマドンナにひと目惚れして胸キュンな寅さん。もちろん、お祭りの寺社境内で威勢のいい声で口上を宣べ、テキヤに精出す寅さんもいる。

そこにいるのはカラリとした寅さんばかりではなく、ひとりで旅を続ける渡世人の寂しさ辛さがあることも映像は忘れさせない。小さな埠頭で漁師を見送る家族を遠目に眺める寅さん。

駅前の木造商人宿に泊まり一人でビールを飲む寅さん、温かなコミュニティを後ろに一人去るフーテンの寅。マドンナとあと一歩というところで身を引く寅。

四十八作もあるとロケ地も多彩だ。丹後半島伊根、津山、石見温泉津《ゆのつ》、金沢、道東中標津《なかしべつ》、函館、津軽鰺ヶ沢、山形寒河江《さがえ》、別所温泉、木曽奈良井、伊予大洲、大分臼杵、五島列島、奄美、沖縄本部《もとぶ》。浦安や筑波といった東京近郊もある。川本のロケ地取材が丁寧なこともあって、読んでいて全作を見ていないのに見たような気がしてくる。

中国山地の城下町備中高梁《たかはし》は撮影当時、蒸気機関車が走っていて、黒い汽車と煙、白い蒸気、轟く走行音が映像に入り込む。そう、『男はつらいよ』は日本中から蒸気機関車が消え始めたころから制作が始まっている。かつて国内の移動は列車が主役だった。車を持っている人はごく一部のお金持ち。寅さんが始まったのはそんな時代が終わろうとしていたころでもある。だからいま地方を旅していると、かつて鉄道が走っていた跡に出会うことがある。廃駅、廃線跡。うらぶれた廃屋同然の駅舎もあるが、地域の食堂や鉄道記念館になって活かされている建物もある。でも、列車は来ないのだ。北海道には廃線になったところが多い。炭鉱地帯だった九州北部には、石炭を満載した貨物列車が行き交う鉄道路線が網の目のように通っていた。それらは石炭の衰退と共にいつしかレールも消えていた。モータリゼーションという言葉がもはや死語に近くなるほど、地方の生活に自動車が浸透している。かろうじて生き残っている鉄道線の主な乗客は通学生や高齢者だ。路線バスも列車同様に痩せていて、一日数本の路線は多く、高校生・中学生が乗らない週末は、ただでさえ少ないバスが半分になったりする。

二十一世紀のいま、残念ながら車寅次郎のテキヤの旅はできない。フラリとバスを降りてしまうと、明日までバスが来ないかもしれないし、そもそも列車もバス路線も少なくなっている。新幹線指定席のきれいな車両やレンタカーでは寅さんらしくなさすぎる。ＭａａＳ(Mobility as a Service) システムを使って、スマホでタクシーとバス連絡を調べ、ホテルを予約するのもなあ。もはや『男はつらいよ』の旅は成立しないのだ、と気づいてしまった。

あとがき

まえがきの「プラス1の旅」に書いたように、私は「どこかに行きたいな」と、たびたび呟きます。どこか、知らない街を歩いてみたいだけなのですが、徐々に行きたいところが定まってきます。そうなると、することは二つ。ノートを買うこと、そして旅先に関する本を読むこと。ノートはなるべく白無地にします。文やデータだけでなく、旅をしながら歩いた場所の略図や歩いた経路なども書きたいので、罫線は邪魔になるのです。無地のノートに旅の計画を書き込み始めます。パソコンに入れてある荷物リストやパスポート番号などのメモをプリントして貼り付けもします。ノートの友は四色ボールペン。旅の略図には、何色か違った色があると便利なのです。色鉛筆を持つこともあります。

そして本を探します。旅する土地の紀行や歴史、場所によっては自然に関するものも読んでみたい。メジャーな旅行地についての本ならいろいろ見つかりますが、旅行先によっては現地事情を紹介する本が少ないときもあります。ガイドブックは出発が近くなって、欲しいなと感じたら買います。こうして何冊かの本に出会えると、幸せな準備期間が始まります。ときにはこの読書までで、旅が実現しないこともあります。それはそれで本の上の旅になりますし、いずれ旅したいという想いを心にしまっておきます。

あるとき、そんな旅の話を書肆梓の小山伸二さんとしていたら、旅のブックレビューみたい本を書いてみないか、ということになりました。「いいね、やってみよう」とあと先考えずに言ってしまうクセがある私。まあ、後悔より、苦しくとも楽しいことが待っていることが多いのですが、今回もそのようになりました。

それから二年近くが経って、ブックレビューからずいぶんと離れて、本を読みながら旅を豊かにすること、本から始まった旅のこと、私の旅の想いをぎゅっと詰め込んだ、そんなエッセイのような本になりました。その間に多くの本を再び読み返し、旅ノートを参照したり、写真を見直したりして、机の上で旅をしているような気分にもなりました。打合せのなかで、写真や図版は入れないで、文章だけの本にしようと決まり、ちょっと緊張感が高まりましたが、そうしてよかったと思っています。私にとっては初めてのスタイルの本になりました。

本づくりのなかで、私の思い込みや独りよがりなところを強力に補正してくださった編集担当の清水美穂子さん、広く深く校閲してくださった山内聖一郎さん、素敵な装幀とページレイアウトを作ってくださったデザイナーの福井邦人さん、そして書肆梓の小山さんには企画決定から完成まで大変お世話になりました。それから、粗削りの文章からずっと原稿を読んで感想を聞かせてもらった妻、典子にも助けられました。ここには書ききれませんが多くの人の助言や協力によって本書ができあがりました。みなさんに感謝を申し上げます。どうもありがとうございます。

二〇二二年五月

小柳 淳

る。地元の人と語らい、映像を想起し、ビールを飲む。寅さんの映像は昭和から平成に移り行く日本を記録してもいた、と知る。

自らと対話する　沢木耕太郎

●『深夜特急 第一便 黄金宮殿』1986 新潮社

●『深夜特急 第二便 ペルシャの風』1986 新潮社

●『深夜特急 第三便 飛光よ!飛光よ!』1992 新潮社

●『深夜特急 1　香港・マカオ』『深夜特急 2　マレー半島・シンガポール』『深夜特急 3 インド・ネパール』『深夜特急 4 シルクロード』『深夜特急 5 トルコ・ギリシャ・地中海』『深夜特急 6　南ヨーロッパ・ロンドン』（1994 文庫版6分冊 2020 文字拡大増補新版）

インドからロンドンまで路線バスで旅する、という決意で出発。ところが飛行機で降り立った香港に魅せられ長居をする。インドの手前、東南アジアでも。インドからはずっと陸上の旅。詳細な旅ノートが生み出した、超長距離のバス紀行。

●「ヴェトナム縦断」（『一号線を北上せよ』所収 2003講談社）

●『一号線を北上せよ　ヴェトナム街道編』2006 講談社文庫

沢木耕太郎の短編集。収録されている「ヴェトナム縦断」は、ホーチミンからハノイへの途中下車できるオープン・ツアーで行く旅。貧乏バスツアーではあるが、『深夜特急』から年齢を重ねた著者の余裕をも感じられる文章が読める。

旅の心得　松尾芭蕉

●『おくのほそ道　付曾良日記　奥細道菅菰抄』1979 岩波文庫

江戸元禄期の俳人松尾芭蕉によるあまりに有名な紀行。江戸からまず平泉まで北上。そこから西へ転じて日本海側を歩く。俳句と短い文が簡潔に旅を語る。併収された『奥細道菅菰抄』だけを読むのも一興。

●『芭蕉紀行文集　付嵯峨日記』1971岩波文庫

松尾芭蕉の『おくのほそ道』を除く四紀行文と『嵯峨日記』を集めて1冊にした本。付録に各紀行の経路図があり、芭蕉が大いなる旅人だと納得できる。

憧れとノスタルジア　車寅次郎

●川本三郎『「男はつらいよ」を旅する』2017 新潮選書

評論家川本三郎が「シネマ紀行」として、映画『男はつらいよ』のロケ地巡りをす

●『マングローブの沼地で　東南アジア島嶼文化論への誘い』1984 朝日選書（『鶴見良行著作集 7 マングローブ』所収　1999みすず書房）
東南アジアの多島海には、海と泥にマングローブの樹々が生える海岸が多い。そのような沼地海岸が地域の文化と生活様式に影響しているとの問題意識からのフィールドワーク。徹底して現地を歩いた力作。

●『東南アジアを知る 私の方法』1995 岩波新書
バナナ、エビ、ナマコ、マングローブ炭、料理、そのような事柄を現地に行って、見て、体験するという30年間もの鶴見良行の方法。それらを講演録や雑誌記事などから没後にまとめたもの。方法とともに美意識まで感じられる。

●『アジアはなぜ貧しいのか』1982 朝日選書（『鶴見良行著作集4 収奪の構図』所収　1999みすず書房）
セランゴール、スマトラ、ミンダナオ、東南アジアの産物と、それを巡る争奪戦や地域の豊かさ貧しさを、資料を読み解き、現地に行くことで追究してゆく。現地住民、王族貴族、傭兵、欧州植民地勢力が入乱れる利権の争いも描かれる。

温泉を旅する　山崎まゆみ

●『ラバウル温泉遊撃隊』2009 新潮社
「第二次世界大戦中に日本兵が始めた温泉がある」、という一言から始まった東南アジアでの温泉探し。旧軍人や資料にあたり、現地へ飛ぶ。温泉エッセイストである著者の真骨頂を発揮したドキュメンタリーだ。

●『バリアフリー温泉で家族旅行』2015 昭文社
△『続・バリアフリー温泉で家族旅行』2017 昭文社
△『バリアフリー温泉で家族旅行③ 行ってみようよ！ 親孝行温泉』2019 昭文社
身体が弱ってきても、障害があっても、手術痕が気になっても温泉に入ってもらいたい、という熱意から始まったバリアフリー温泉調査。単に設備の整備だけでなく、温泉スタッフの心配りも含めて紹介する。

●『白菊 –shiragiku-：伝説の花火師・嘉瀬誠次が捧げた鎮魂の花』2014 小学館
日本三大花火大会のひとつ長岡花火。そこで最初に上げられる真っ白な花火が「白菊」だ。敗戦直前の空襲で1,484人もが亡くなった長岡。鎮魂のために作られた花火、白菊の誕生秘話を追う力作。

され、建物番号も要所要所に記されている。路線バス経路表示も便利。
△ディアドラ・マスク『世界の「住所」の物語　通りに刻まれた起源・政治・人種・階層の歴史』神谷栞里訳 2020　原書房
世界各地の住所に関して、ときに住所のないことも含めて、住所を表示する方法や制度の事例を集めたもの。日本の都市住所を表記するシステムは世界的に見て非常に例外的だが、それに言及した一章を設けている。物語としても読める。

【旅人】
小さな美しいもの　カレル・チャペック
●『スペイン旅行記　カレル・チャペック旅行記コレクション』飯島周訳　2007 ちくま文庫
●『イギリスだより　カレル・チャペック旅行記コレクション』飯島周訳　2007 ちくま文庫
●『北欧の旅　カレル・チャペック旅行記コレクション』飯島周訳　2009 ちくま文庫
●『オランダ絵図　カレル・チャペック旅行記コレクション』飯島周訳　2010 ちくま文庫
△『チェコスロバキアめぐり　カレル・チャペック旅行記コレクション』飯島周訳　2007 ちくま文庫
カレル・チャペックの旅行記はジャーナリストらしい鋭い視点と、旅先の人々や風土、事物に対する温かな表現、そこにちょっぴり辛口の論評も添えた楽しい紀行だ。そのうえ、太めの線描によるイラストがたくさん。

フィールドワークの人　鶴見良行
●『マラッカ物語』1981 時事通信社（『鶴見良行著作集 5 マラッカ』所収 2000みすず書房）
東アジアとインド、中東、欧州を結ぶ海路の幹線にあって、長く狭いマラッカ海峡。通商の要衝でもあり、各民族や植民地勢力の争奪の的となった。錫やアヘンなどの商品、河川と海域の交易方式などが調査と資料から解明される。

●倉本一宏『「旅」の誕生　平安—江戸時代の紀行文学を読む』2015 河出書房新社

東海道に関する紀行文を参照しながら旅の変遷をたどる。古代から中世は、任地への赴任や土地紛争の訴えなど余儀なき旅が多く、近世になって寺社参拝や名所巡りの旅が現れてくる。東海道のルート変遷や所要日数も克明に追う。

紙の上の列車旅

●ＪＴＢ時刻表 JTBパブリッシング

大正年間に発行された『汽車時間表』が前身で、国鉄時代は『国鉄監修　交通公社の時刻表』とされていた。駅のみどりの窓口にも配備され、圧倒的な存在感を示した。紙の時刻表は少なくなったとはいえ、いまでも旅の重要資料。

●ＪＲ時刻表 交通新聞社

1963年創刊の弘済出版社発行の時刻表が母体。国鉄分割民営化後には、駅配備の地位を獲得して現在の名称になった。

●時刻表 完全復刻版 JTBパブリッシング（JTBのMOOK）

東海道新幹線開通の1964年10月号や、国鉄のダイヤ大改正時の時刻表が復刻されている。かつて国内の旅は鉄道に圧倒的地位があった時代が懐かしい。

パピルス・紙・ディスプレイ

●サイモン・ガーフィールド『オン・ザ・マップ　地図と人類の物語』黒川由美訳　2014 太田出版

怪しげな宝探しの絵地図から、ヨーロッパの他大陸への侵略と並行して発展した地図、そして都市地図やカーナビにまで言及する、地図発展の物語。

●『LONDON A - Z Street Atlas』　Geographers' A-Z Map Company

20世紀初頭に生まれたロンドンの都市地図。日本と違い、道路両側に番地を振ってゆくストリート方式のため、地図上には道路名、地名が小さな字でびっしり記載されている。現在でも刊行されている定番のロンドン地図帳。

●『香港街道地方指南』　通用圖書有限公司

1977年初版以来、毎年改定版が出る香港市街地図帳。香港好きな人から「指南」と呼ばれ愛されている。地図面はカラーで見やすく、道路名は完全に記載説明が、かえって新鮮で分かりやすい。国内のものとは違った解説書としても読める。

【旅の具】

境界を越える

●ジョン・C・トーピー『パスポートの発明 監視・シティズンシップ・国家』藤川隆男訳　2008 法政大学出版局

国境を越え、身分を証明するパスポートという書類の歴史を、主に欧米を題材に研究。それは固定的ではなく変化し続ける制度だという。観光では体験しない、避難、逃亡のときに運命を分けるパスポートの機能を知ることもできる。

●秋田茂『イギリス帝国の歴史　アジアから考える』2012 中公新書

アメリカの前の覇権国家イギリス。世界に広がり、18、19世紀に絶頂を迎えたイギリス帝国の成立、発展、解体の過程。本書はとくに、イギリス帝国とアジア地域、日本との関係を中心に据えている。

●岩下明裕『入門 国境学　領土、主権、イデオロギー』2016 中公新書

世界中の国境、境界を題材に、その境とは何か、その基となる「国」とは何かをと問う。数千年にわたり移動してきた「民族」から国が生まれてきているこの世界で、果たして「固有の領土」というものはありえるのか。

高校の地図帳

●帝国書院、他

受験の心配のない大人でも、「家庭に1冊」であるならば、高校の地図帳がお勧め。地図に加えて、地形や産業、交通などの情報が豊富なので便利だし、見ていて楽しい。

古代と現代の道の重なり

●武部健一『道路の日本史　古代駅路から高速道路へ』2015 中公新書

道路の専門家が長い日本の歴史に沿って、古代の官道のあり方から道の変遷を説く。乱世には道が途切れ、中央集権が充実する時期には交通路が整備される。そして古代官道と現代高速道路のルートが奇しくも一致する。

聖地参詣

●小山靖憲『熊野古道』2000 岩波新書

紀伊半島南部に位置する聖地熊野。本宮、新宮、那智の熊野三山は長い年月、人々の信仰を集めてきた。長距離の参詣路、熊野古道のルート、参詣の作法などが分かる。深山の聖地に行くなら、事前に読んでおくと旅が深まる。

●髙森玲子『熊野古道巡礼の旅 よみがえりの聖地へ!』2017　説話社

熊野古道のうち、田辺から本宮を目指す中辺路を中心としたルート紹介と熊野三山を紹介する写真が多いガイド。姉妹巡礼道であるスペインのサンティアゴ・デ・コンポステーラとの共通巡礼に関しての記事も収録されている。

ほとけのおしえ

●梅原猛『仏教の思想』(上下) 1980 角川書店 (1992 角川文庫)

北伝仏教と日本で花開いた各宗派について、その伝道者、開祖の人となりとその思想に深く切り込む。哲学者、梅原猛の人間味あふれる文書の魅力も味わえる。同名の叢書の梅原猛執筆部分を集めたもの。

●梅原猛編著『仏教の思想』Ⅰ～Ⅻ　1968～1970 角川書店 (1996～1997角川ソフィア文庫)

梅原猛、上山春平の二氏が11名の仏教学者との対話を通じて得た仏教学習の成果をまとめた叢書。日本仏教の源流であるインドから西域を経て中華に至った北伝仏教と、日本各宗派を厳選してその思想を詳説する。

●芥川龍之介「神神の微笑」、『奉教人の死』所収　1968 新潮文庫

宣教に来ていたイエズス会士のオルガンティーノの眼前に現れる、日本の神々の幻影がこの国の特質を語るという小説。外来の文化を、戦いではなく吸収して、自らの一部に取込んでしまう、日本の文化の柔軟な強さを示している。

△デール・S・ライト『エッセンシャル仏教　教理・歴史・多様化』佐々木閑監修、関根光宏・杉田真訳　2021 みすず書房

原著は、Dale S. Wright『BUDDHISM What Everyone Needs to Know』Oxford University Press, 2020

アメリカの仏教学者による、仏教の全体的な解説書。英語で書かれた欧米人向けのものなので、仏教に関して日本やアジア各地の独自性土着性を除いての

百人一首

●谷知子『百人一首（全）』2010 角川ソフィア文庫 ビギナーズ・クラシックス 日本の古典

小倉百人一首の鑑賞と背景、作者、出典の説明を2〜3ページに濃縮している。また、一番歌から百番歌までの配列に関する、歌人の前後関係や天皇の立場などの解説にもハッとさせられる。百人一首の本は数多あるけれど、読みやすく味わい深い。

△高校古文副教材　京都書房、他

高校古典授業の副読本で読んだ人も多いだろう。手許に残っていれば再読の価値大。教材だけあって、現代語訳や古文の語句・文法解説、歌人の出自、歌の出典、鑑賞の手引きなどが充実している。

イタリアにて

●塩野七生『ルネサンスとは何であったのか』2001 新潮社（2008新潮文庫）

ルネサンス期を比較的幅広くとらえたうえで、この時期の建築、絵画、彫刻、宗教や人を対話形式で語りつくす。ルネサンスは「見たい、知りたい、分かりたいという欲望の爆発」だと著者は言う。

ホアンとジョアン

●田澤耕『物語 カタルーニャの歴史　知られざる地中海帝国の興亡』2000 中公新書（増補版 2019中公新書）

地中海に面するスペイン東北部はカタルーニャと呼ばれる地方で、スペイン語とは異なるカタルーニャ語の土地。そこは中世に独立王国として絶頂を迎えた。この地方の変遷と独自性を描き出す、情熱あふれる本。

●ジョージ・オーウェル『カタロニア讃歌』橋口稔訳　1970 筑摩叢書（2002ちくま学芸文庫）

第二次大戦の少し前、スペインに成立した社会主義政権に対してフランコ軍が反乱を起こす。英国の作家ジョージ・オーウェルは従軍記者としてバルセロナに赴いたが、自ら義勇軍に参加。正統政権に対する讃歌と幻滅を併せ持つ記録。

空に昇って鳥の視点で描いた絵を鳥瞰図という。江戸時代から現代までの日本全国の鳥瞰図を集めたのが本書。単に高みからの眺めというより、そこに強烈大胆な想像力が加わる。実に多様な鳥瞰図が描かれてきたことが分かる。

△昭文社出版編集部『吉田初三郎鳥瞰図集』2021　昭文社

「大正の広重」と称された鳥瞰図絵師、吉田初三郎の作品を集めた画集。鉄道路線図、観光案内図などを中心に多くの作品がカラーで迫ってくる。鉄道会社依頼のものは路線を太く赤く一直線で描く、初三郎流だ。

【祈りとことば】

私のことばは

●田中克彦『ことばと国家』1981 岩波新書

ある言語を他と分けて「ひとつ」と決めることは難しいという。それは、言語学を超えて政治や歴史によっても規定される。言語と国家や民族、俗語や植民地言語、さらに日本語特有の問題も提示する。外国のことばを考える上でも有用。

●アルフォンス・ドーデー「最後の授業」、『月曜物語』桜田佐訳　1959 岩波文庫所収

プロイセンに占領された独仏境界の街で、最後のフランス語授業を描く小説。先生は「フランス語は世界で一番美しい」と言う。実は、土地の人は勉強しないとフランス語は話せない。独仏どちらから見るかで印象が変わってしまう話。

旅先の文字

●町田和彦『図説 世界の文字とことば』2021 河出書房新社　ふくろうの本

文字を主として世界の言語を紹介する。文字は創り出す大変さもあって、他所のものを借りて自言語に調整して使うことも多く、言語数よりも文字数は圧倒的に少ない。文字の美しさに魅了され、眺めるだけでもいい本だ。

●柴田武編『世界のことば小事典』1993 大修館書店

世界128の言語を取り上げ、均等に４ページずつ文字と発音、ことばの背景、文化情報、使用地域の地図などが載る。付録には国・地域ごとの使用言語リストがある。旅する世界の土地を国境線だけでなく理解するのにも役立つ。

旅客機最上の展望席、コックピットに座るパイロットによる、流麗な文章で綴る空の長編エッセイ。空と光、雲と水、空気と風、時差と体調、空の道標など、飛行に関わる事象が専門的過ぎない、分かりやすい文章で読める。

航海の時代

●和田博文『海の上の世界地図　——欧州航路紀行史』2016 岩波書店
幕末から戦後までの、日本とヨーロッパを結んだ旅客船定期航路の、経路、経由地、乗客、食事、船体、乗員などを、数々の紀行文や資料により丁寧に再現している。新興国日本の商船参入や、戦争による航路への影響など興味深い記事も多い。

楽園を知る

●山本真鳥・山田亨編著『ハワイを知るための60章』2013 明石書店　エリア・スタディーズ114
ワイキキをはじめ観光の魅力山盛りのハワイ。火山や風土などの自然、神話と初期の人々や移民、外から導入された農作物、王国崩壊からアメリカ併合などを網羅する構成。観光にとどまらず、豊かな文化や歴史を知ることができる。

海のアジア

●白石隆『海の帝国　アジアをどう考えるか』2000 中公新書
19世紀から東南アジアの海域地域の変化を200年の幅で考える。西欧が持ち込んだ政治経済秩序が、それまでそこにあった秩序を破壊する過程を叙述する。現代に至るダイナミックな考察。日本との政治経済関係にも言及する。
△三浦暁子『ボルネオの白きラジャ　ジェームズ・ブルックの生涯』2006 NTT出版
19世紀半ばころ、ボルネオ島サラワク（現マレーシア）で白人ラジャ（王）になったイギリス人ジェームズ・ブルックの伝記。外国人の王である。しかも、なんと三代続く王朝でもあった。信じがたいことだが歴史の事実。

空から眺める

●本渡章『鳥瞰図!』2018 140B

広く深く史料を読み込んだ人が現地に行くと、これほどまでに充実した旅になるのか、という羨ましい紀行。旧ソ連の中央アジア地区を歩き、汗血馬、匈奴、イシククル湖、ウルグ・ベクの天文台……、と魅惑的なことばが満載の紀行だ。

世界の十字路

●塩野七生『コンスタンティノープルの陥落』1983 新潮社（1991新潮文庫）
コンスタンティノープルは始まりと終焉が、年月日ともはっきりしている稀有な都市であると塩野七生は最初に書く。その終焉が、オスマントルコのメフメット二世による包囲と陥落。守るギリシャ人たち、攻めるオスマン軍の、手に汗握る歴史絵巻。

● J・ブノアメシャン『灰色の狼ムスタファ・ケマル　新生トルコの誕生』牟田口義郎訳 1965 筑摩書房（改装版 1990）
建国から600年以上を経たオスマン帝国は、第一次世界大戦敗戦後に国家消滅の危機にあった。独立戦争を戦い、トルコ国民国家を生み出すべく奔走し初代大統領となる将軍、ケマル・アタチュルクの壮絶な伝記。

●陳舜臣『イスタンブール　世界の都市の物語』1992 文藝春秋（1998文春文庫）
ボスポラス海峡を挟みアジアとヨーロッパにまたがるイスタンブール。ビザンチン帝国、オスマン帝国の都、現代のトルコ共和国の都市が重なる。この街に滞在し、通り過ぎた人々の足跡・事績をたどる文章に引き込まれる。

広大な隣の大地

●司馬遼太郎『ロシアについて 北方の原形』1986 文藝春秋（1989文春文庫）
ウラル山脈の西側のロシア平原に生まれ、長い間、東方遊牧騎馬民族に怯え続けたロシア。複雑で特異な歴史が形作ったロシアという国の行動原理が、教養あふれる著者によって説かれる。好悪を超えた隣国への記述が心地よい。

【空の視点、海の視点】

空気と水

●マーク・ヴァンホーナッカー著『グッド・フライト、グッド・ナイト　パイロットが誘う最高の空旅』岡本由香子訳　2016 早川書房（2018ハヤカワ文庫NF）

【中央と周縁】

地中海の真ん中へ

●高山博『中世シチリア王国』1999 講談社現代新書
遥か離れた北欧起源のノルマン人が、紆余曲折を経て地中海最大の島シチリアに定住し、領地を獲得して王国になった。その王国を中心に多様な民族・宗教・文化が混在する魅力を明かす。現在に残る多文化建造物を理解するためにもなる。

みちのくの先

●太宰治『津軽』1951 新潮文庫
青森県津軽半島の金木出身の太宰治が戦争末期の1944年に津軽を旅した紀行文学である。故郷を書くという屈折した愛憎と、友人との再会が味わいある文章に生きている。津軽各地の風土、人々、歴史への言及も奥深い。
●中路正恒『古代東北と王権　「日本書紀」の語る蝦夷』2001 講談社現代新書
4世紀ころから、徐々に東国へ支配権を拡大してゆくヤマト勢力の状況を、日本書紀の記述を基に検証。侵略戦争の話ではあるが、救いは著者の東北への温かなまなざしを感じられることである。平安初期の征夷停止で本書は終わる。

格子の街区

●奈良文化財研究所『奈良の寺　世界遺産を歩く』2003 岩波新書
奈良は8世紀末まで日本の都。その後、京都、東京へ首都が移ったことが幸いして、都の遺構はあまり壊されることなく地中で静かに眠っている。平城京の寺や宮殿の壮麗だった姿を解明してきた、考古学研究者による論理的解説。
●髙橋昌明『京都〈千年の都〉の歴史』2014 岩波新書
都が京都にあった約千年の長い年月に、京都では、改築、内乱、洪水、開発などが幾重にも続いた。中世史研究者が京都という都市の構造や風貌の移り変わりを、現在の姿と重ねて実証的に説明する。

大草原の興亡

●井上靖『西域物語』1974 朝日選書（1977新潮文庫）

△山口文憲『香港世界』1984 筑摩書房（1986ちくま文庫　2021河出文庫）
同じ著者による『香港　旅の雑学ノート』の乾いた観察眼に比して、どこかウエットで優しい筆致を感じる。とはいえそこは香港。濃密で過激な都市の仕組みと、そこに生きるパワフルな香港人も同時に叙述されている。
△陳舜臣『阿片戦争』（上・中・下）1973 講談社文庫（2015に4分冊で新装版）
名もなき岩の島が「香港」となった契機がアヘン戦争。英国のアヘン密輸と清国当局の取締りから戦争への展開を書く歴史小説。圧倒的な力を持つ者がやりたい放題なのは、現代では、英国を北京に置換できる気がしてくる。

変わらぬ美しい海
●岸政彦『はじめての沖縄』2018　新曜社 よりみちパン!セ
沖縄が大好きな若者が、そこを研究対象とする社会学者になった。生活史研究にインタビューを多用する調査をしてゆく。この本は研究書ではなく、著者が沖縄にどう向きあってきたかが主題。
●内田晶子、高瀬恭子、池谷望子『アジアの海の古琉球　東南アジア・朝鮮・中国』2009　榕樹書林　琉球弧叢書20
14世紀ころから17世紀初頭までの古琉球の対外交流・貿易は、明（中国）、朝鮮、日本、島嶼および半島部東南アジアまで広がっていた。それらを史料を読み込んで明らかにする。沖縄の原形質を知ることに役立つ。

アメリカらしさ
●阿川尚之『どのアメリカ？　矛盾と均衡の大国』2021 ミネルヴァ書房
ステレオタイプにスパッとは切れない、矛盾もあり、ブレもあるアメリカ。世界に迷惑をかけながらも、大国として憧れられ頼られもするこの国を留学・現地勤務経験を基に解き明かす。冷静に大国を考え、バランスをとることに役立つ。
△国際時事アナリスツ編『アメリカの50州がわかる本』2021　KAWADE夢文庫
アメリカを構成する50の州を、面積、合衆国加盟時期、人口や議員、優勢な政党は民主党か共和党か、有名企業や産業などをほぼ共通の項目で比較する。この国がひとつの国でありつつ、連邦国家の要素が強いことを実感できる。

旅の本棚　旅のためのブックレビュー

本文でとりあげた本と、関連する本を紹介します。
●は本文に登場した本。△は関連する本。

【無垢な観点、旅の慎み】

さらりと旅をしてしまう

●金子泰子・文／金子敦・絵『イラン・ペルシア日記』2016 Blood Tube
厳格なイスラム社会も見てみたい、というシンプルかつ真っ当な理由から始まるペルシャの旅。天下国家を意識しない、普通の市井の人々と暮らしに出会う爽やかな旅の記録。

△金子泰子・文／金子敦・絵『ウズベキスタン日記』2014 Blood Tube
パリで買った皿、イスタンブールで見たスカーフ。それがウズベキスタン製と知り、さあ出かけよう！となった中央アジアのオアシス都市を巡る旅。こういったキッカケで旅に出るのも素敵だと、感じさせられる。

壁のあった街

●見市知『ベルリン　東ドイツをたどる旅』2009 産業編集センター
ベルリンの壁崩壊の翌年、東西ドイツ統一を挟んで1年間旧東ベルリンに滞在した著者が、20年を経て東側にあった暮らしや街の風景などを回顧する。西への吸収は事実として、東側にあった暮らしを全否定しない視点がいい。

変化し続ける都市

●山口文憲『香港 旅の雑学ノート』1979 ダイヤモンド社（1985 新潮文庫　2021 河出書房新社）
まだ返還も定まらぬころの英領植民地香港。その労働者街に住んだ山口文憲が香港の看板、食べ物屋、映画館、テレビ、マカオ、埠頭、二階建バス、そして香港人を語る。香港街歩き本の古典的名作。

●邱永漢『香港』1956 近代生活社（『香港・濁水渓』所収　2021 中公文庫）
戦後台湾の激動から逃れて香港にたどり着いた主人公が、合法違法が交錯する難民社会でのし上がってゆく。のちに「金儲けの神様」と呼ばれる邱永漢による小説。激増する難民が形成した1950年代の香港を知ることができる1冊。

小柳淳（こやなぎ じゅん）

1958年東京都生まれ。旅行作家。海外渡航122回、国内未踏4県。

1981年東京都立大学法学部卒。

鉄道会社にて観光宣伝販促、商品企画、インバウンド開発などを経て、旅行業、ホテル業に携わり、2022年に退任。2008年国土交通大臣・観光立国担当大臣よりVisit Japan大使に任命される。

（一社）日本旅行作家協会会員、NPO法人日本香港協会理事、香港巴士鐵路旅遊協會会長。

観光、インバウンド関係講演多数。旅の「ひと箱書店」街々書林店主。

著書に『香港のりもの紀行』（1997年昭文社）、『現代の香港を知るKEYWORD888』編著（2007年三修社）、『香港ストリート物語』（2012年TOKIMEKIパブリッシング）、『香港路面電車〈トラム〉の走る街』共著（2015年春陽堂書店）など。

旅のことばを読む

2022年6月 1 日　初版印刷
2022年6月10日　初版発行

著　　者　小柳淳

発 行 人　小山伸二

発 行 所　書肆梓
〒186-0004 東京都国立市中3-6-21
編集　清水美穂子
校閲　山内聖一郎
装幀　福井邦人

印刷製本　藤原印刷株式会社
営業　藤原章次
印刷　本　　文：栗林勇士、山田進
表紙・帯：小澤信貴
カ バ ー：小宮山裕樹
製版　中田和寿

ISBN 978-4-910260-02-0 C0095

［詩集］
詩集『さかまく髪のライオンになって』小山伸二・著
本体2,000円＋税　2019年9月25日　A5判 182ページ
ISBN 978-4-9909257-8-9 C0092
なんて素晴らしい世界なんだろう。いつか消滅してしまうとしても。人生の後半に現れるあらたな子供時代。町はいなくなってしまった人であふれている。世界は辛いこと、切ないことでいっぱいだけれど、勇気を出して、さかまく髪のライオンになって、咆哮し、まどろみ、喰らい、恋をし、書き連ねた52篇。

［画本］
『相変わりもせす』寝暮・著
本体1,000円＋税　2019年4月25日
B5判 52ページ オールカラー
ISBN978-4-9909257-7-2 C0979
猫と動物、ときどき人間たちが登場する、ノンバーバルな一冊。シュールでクールでどこか憎めない猫のキャラクターと、全篇をつらぬくシニカルな視点に心を遊ばせ癒されたい、大人のための画本。

コーヒーについて
ぼくと詩が語ること
小山伸二